Charlotte Willmer-Klumpp

FORSCHEN PROBIEREN ENTDECKEN

EXPERIMENTE für KINDER

Ravensburger

INHALT

SICHERHEITSHINWEISE

Experimentieren ist ein großer Spaß und man kann viel dabei lernen. Manche Versuche sind aber auch ein wenig gefährlich. Damit nichts schief läuft, musst du deshalb ein paar Dinge beachten:

Für Eltern und helfende Erwachsene

Lesen und befolgen Sie bitte die Sicherheitsregeln und halten Sie diese griffbereit.

Lassen Sie die Kinder nicht unbeaufsichtigt experimentieren.

Die individuellen Fähigkeiten von Kindern können sehr verschieden sein. Bitte wählen Sie anhand der Anleitung solche Versuche aus, die für das Kind geeignet sind.

Besprechen Sie zutreffende Sicherheitshinweise vor dem Versuch auch mit dem Kind oder den Kindern.

Spitz und Scharf

Beim Hantieren mit scharfen oder spitzen Gegenständen (Messer, Schere, Nadel, Schraube, Nagel oder ähnliches) kannst du dich leicht verletzen. Bei solchen Versuchen muss dir immer ein Erwachsener zur Hand gehen. Das gilt auch für Blechdosen, denn sie haben manchmal messerscharfe Ränder.

Wasser

Versuche mit Wasser solltest du immer über einer abwaschbaren Oberfläche machen. Noch besser ist es, wenn du gleich im Waschbecken oder in einer Schüssel experimentierst. Egal ob du Wasser mit Zucker, Salz, Tinte oder anderen Dingen vermischt. Du darfst die Flüssigkeit nie trinken und solltest sie nach dem Experiment wegkippen. Mit heißem Wasser sollten immer nur Erwachsene hantieren.

Geräte und Behälter

Schüsseln, Gläser und Becher müssen nach Gebrauch ebenso gründlich gereinigt werden, wie alle anderen Geräte, die du während des Versuchs benutzt. Im Umgang mit Glas ist Vorsicht geboten. Wenn es zu Bruch geht, könntest du dich an den scharfen Scherben schneiden.

Experimente mit Schall

Deine Ohren sind empfindlich. Wenn du also Experimente mit Schall durchführst, musst du immer darauf achten, dass es nicht zu laut wird. Fange lieber etwas leiser an.

Plastiktüten und Folien

Auf keinen Fall darfst du dir Plastiktüten oder Plastikfolien über den Kopf ziehen, sonst bekommst du keine Luft mehr und du könntest ersticken.

Nahrungsmittel

Reste von Nahrungsmitteln nach dem Versuch bitte entsorgen. Sie dürfen nicht verzehrt oder zu den übrigen Lebensmitteln zurückgegeben werden.

MACH MIT!

In diesen Kästen findest viele zusätzliche Experimente, Basteleien und Spielideen. Am besten lässt du dir dabei von einem Erwachsenen helfen.

WASSER UND EIS

Ohne Wasser kein Leben

Wasser ist der kostbarste Schatz unserer Erde. Der Mensch kann mehrere Wochen ohne Nahrung leben, aber nur wenige Tage ohne Wasser. Auch Tiere und Pflanzen sind vom Wasser abhängig.

Warum müssen Menschen trinken?

Der menschliche Körper besteht zu einem großen Teil aus Wasser. Wenn du zur Toilette gehst oder im Sommer schwitzt, merkst du, dass du Wasser im Körper hast. Die Wassermenge in deinem Körper ist nötig, damit alle Aufgaben des Körpers reibungslos ablaufen. Rund die Hälfte davon nimmst du über Getränke auf, den Rest über Speisen, die ebenfalls Wasser enthalten.

Ein bis zwei Liter Flüssigkeit solltest du täglich zu dir nehmen. Wenn du schwitzt, musst du besonders viel trinken.

Schmeckt Wasser immer gleich?

Getränke bestehen immer aus Wasser. Mal schmecken sie süß, mal salzig. Das liegt daran, dass Wasser ein gutes Lösungsmittel für viele Stoffe wie zum Beispiel Zucker und Salz ist. In der Natur kommt Wasser selten wirklich rein vor. Der größte Teil des Wassers auf der Erde ist salziges Meerwasser. Süßwasser findest du in Seen und Flüssen. Bei dir zu Hause kommt es als Leitungswasser aus dem Wasserhahn.

Der Wasserkreislauf

Woher kommt der Regen?

Durch die warmen Sonnenstrahlen verdunstet das Wasser aus Seen, Flüssen und Meeren. Es steigt als Wasserdampf nach oben in die Luft. Dort kühlt der Dampf ab und wird wieder flüssig. Die vielen winzigen Wassertröpfchen bilden dann eine weiße Wolke. Wird es kälter, verschmelzen die kleinen Wassertröpfchen zu großen, schweren Wolken. Sind sie zu schwer, sinken sie nach unten. Die Regentropfen fallen auf die Erde.

Wo bleibt der Zuckerwürfel?

Süßer Tee ist lecker! Um Tee zu süßen, gibt man zum Beispiel einen Zuckerwürfel hinein. Aber kannst du den Zuckerwürfel nach ein paar Minuten noch sehen? Was passiert, wenn ein Stück Zucker im Wasser liegt?

Beim Spaghettikochen gibt man etwas Salz ins Wasser.

Du brauchst:

1 Stück Würfelzucker, 1 flachen, weißen Teller, Tinte aus einer Tintenpatrone, Wasser

So geht's:

1. Fülle einen flachen Teller mit Wasser. Gib auf den Zuckerwürfel vorsichtig ein paar Tropfen Tinte.

2. Lege den Zuckerwürfel in die Mitte des mit Wasser gefüllten Tellers, und zwar mit der gefärbten Seite nach unten.

Das passiert:

3. Vom Zuckerwürfel gehen blaue Schlieren aus. Zucker und Tinte lösen sich unterschiedlich schnell im Wasser auf. Während sich der Zucker für dein Auge unsichtbar verteilt, nimmt er die Tinte sozusagen „huckepack" mit. Dabei entstehen die Farbschlieren. Im Wasser sind Zucker, Salz und viele andere Stoffe löslich.

Na so was!

Regenwasser löst Salze aus dem Boden und dem Gestein des Festlands. Flüsse transportieren diese dann in die Meere.

MACH MIT!

Salz zurückholen

Salz und Zucker, die sich im Wasser aufgelöst haben, können auch wieder sichtbar gemacht werden.

Du brauchst:
Wasser, 1 Esslöffel Salz, flache Glasschale, Heizung oder Sonnenwärme

1. Schütte das Salz in eine mit Wasser gefüllte flache Glasschale. Rühre um, sodass sich das Salz im Wasser auflöst.

2. Dann stelle das Schälchen auf ein sonniges Fensterbrett oder auf eine Heizung.

Was stellst du nach einem Tag fest?
Das Wasser ist durch die Wärme der Sonne bzw. der Heizung verdunstet, das Salz ist wieder sichtbar.

Wasser, Eis und Dampf

Wasser ist eine Flüssigkeit, die sich verwandeln kann: Wenn Wasser gefriert, wird es zu Eis oder Schnee. Wasser kann auch ein Gas sein. Du kennst es als Dampf, der bei heißem Wasser sichtbar wird. Beobachte, wie sich Wasser verändern kann!

Wasser und seine Zustandsformen:

Du brauchst:

2 Wassergläser, Wasser, 6 Eiswürfel, 1 Unterteller, 1 wasserlöslicher Filzstift

Quiz

Wie nennt man festes Wasser?

Lösung: Eis

So geht's:

1. Fülle beide Gläser gleich voll mit Wasser. Gib je drei Eiswürfel hinzu. Markiere den Wasserstand mit dem wasserlöslichen Filzstift.

2. Stelle beide Gläser an ein sonniges Fenster oder auf die Heizung. Decke eines der Gläser mit dem Unterteller zu. Schaue am nächsten Tag nach, was passiert ist.

Das passiert:

3. Die Eiswürfel sind geschmolzen. Der Wasserstand vom nicht zugedeckten Glas ist niedriger als der vom anderen. Wärme lässt Eis schmelzen und flüssiges Wasser zu Wasserdampf verdunsten. Bei Temperaturen unter 0 °C gefriert Wasser zu Eis.

Die Wärme der Sonne verwandelt flüssiges Wasser in winzige Wasserdampftröpfchen, die in die Luft „fliegen“. Das Wasser verdunstet.

MACH MIT!

Das Gummibärchen im Eiswürfel

Du brauchst:
1 Eiswürfelbehälter, Wasser, Gummibärchen oder kleine Früchte, z. B. Himbeeren

1. Fülle in die einzelnen Fächer des Eiswürfelbehälters Wasser. Stecke in jedes Fach ein Gummibärchen oder eine Frucht.

2. Lasse nun alles im Tiefkühlfach des Kühlschranks gefrieren. Nach dem Gefrieren löse die Eiswürfel mit warmem Wasser aus dem Behälter und kühle damit dein Getränk. Du kannst beobachten, wie mit der Zeit die Eiswürfel schmelzen und die Dinge nach und nach wieder aus dem Eis herausgelöst werden. Aber Vorsicht: verschluck dich nicht an den Gummibärchen!

Warum geht der Wasserläufer nicht unter?

Hast du schon mal einen Wasserläufer gesehen? Diese Tierchen bewegen sich mühelos auf der Wasseroberfläche vorwärts. Sie scheinen wie auf einer „Haut“ zu laufen, ohne einzusinken. Warum gehen sie nicht unter?

Na so was!

Die Oberflächenspannung bewirkt, dass Tropfen immer wie kleine Kugeln aussehen.

Du brauchst:

1 Glasschüssel, Wasser, gemahlenen Pfeffer, Spülmittel

So geht's:

1. Fülle die Glasschüssel mit Wasser. Streue den Pfeffer auf die Wasseroberfläche.

2. Gib einen Tropfen Spülmittel auf das Wasser.

Das passiert:

3. Der gemahlene Pfeffer bleibt zunächst auf der Oberfläche des Wassers liegen. Hier „kleben" die einzelnen Wasserteilchen ganz fest zusammen, sodass sie sich wie eine „Haut" über das Wasser spannen. Die Kraft, die die Wasserteilchen zusammenhält, nennt man Oberflächenspannung.

Die feine „Wasserhaut" trägt auch den Wasserläufer. Mit seinen langen Hinterbeinen treibt er sich auf der Wasseroberfläche voran.

Fügst du das Spülmittel hinzu, zerstörst du die „Wasserhaut". Der Pfeffer bewegt sich blitzschnell an den Rand der Schüssel und sinkt dann langsam nach unten.

MACH MIT!

Wer hat die letzte Münze?

Die Spannung der Wasseroberfläche könnt ihr in diesem Spiel gut beobachten.

Füllt ein Wasserglas bis zum Rand mit Wasser. Besorgt euch 20 Ein-Cent-Münzen und teilt diese unter euch auf. Reihum darf dann jeder eine Münze hineingleiten lassen. Beobachtet genau den „Wasserberg". Derjenige, der das Wasser zum Überlaufen bringt, hat verloren.

Erklärung:

Aufgrund der Oberflächenspannung ist es möglich, einen Becher mit Wasser übervoll zu machen. Erst wenn man zu viele Münzen ins Wasser gibt, „zerreißt" die Oberflächenspannung und das Wasser läuft über.

Schwimmen und Sinken

Große Schiffe sind aus schwerem Eisen oder Stahl. Damit sie im Wasser nicht untergehen, sind sie innen hohl und nur mit Luft gefüllt, denn Luft ist leichter als Wasser. Aber nicht nur das Gewicht eines Gegenstands spielt eine Rolle, ob etwas schwimmt oder sinkt.

Im unteren hohlen Teil des Schiffs ist Platz für die Fracht und die Maschinen.

Na so was!

Ein U-Boot kann sinken und schwimmen. Es hat Tanks, die zum Abtauchen mit Wasser gefüllt und zum Auftauchen wieder geleert werden.

Du brauchst:

1 Glasschüssel, Wasser, Knetmasse

So geht's:

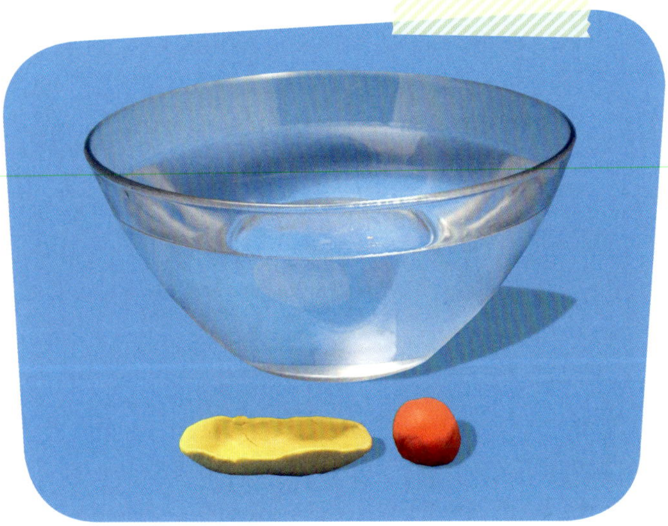

1. Fülle die Schüssel mit Wasser. Teile die Knetmasse in zwei gleiche Teile und forme daraus ein flaches Boot und eine Kugel.

2. Lege zuerst das Boot, dann die Kugel vorsichtig auf die Wasseroberfläche.

Das passiert:

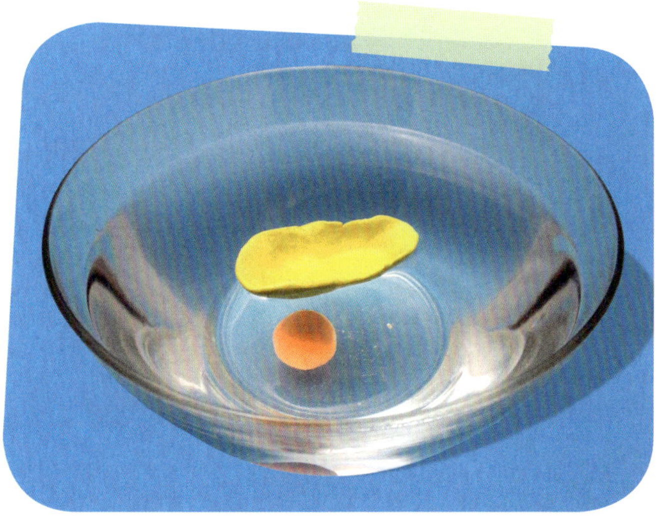

3. Das Boot schwimmt. Obwohl die Kugel aus der gleichen Menge Knetmasse geformt wurde wie das Boot, geht sie unter. Das liegt an der Form: Das Boot hat eine große Fläche, die auf dem Wasser aufliegt. Das Gewicht verteilt sich und verdrängt viel mehr Wasser als die Kugel.

Probiere auch andere Gegenstände aus! Was schwimmt und was sinkt?

MACH MIT!

Schwimmer-Parade

Welche Korkenmännchen können schwimmen und welche nicht?

Du brauchst:
Mehrere Korken, Schrauben, Nägel, verschiedene Pinnnadeln, Heftzwecken, 1 große leere Schüssel oder Wanne, Wasser

Stecke Schrauben oder Nägel sowie Heftzwecken und Pinnnadeln in den Korken, sodass kleine Figuren entstehen. Wenn du möchtest, kannst du sie mit wasserfesten Filzstiften bunt bemalen.

Fülle Wasser in eine Schüssel. Probiere nun aus, ob deine Männchen schwimmen oder untergehen.
Kork besteht größtenteils aus Luft und ist somit sehr leicht. Je nach Art der Beschwerung schwimmt oder sinkt die Figur.

LUFT

Ist Luft wirklich da?

Auf der Erde sind wir ständig von Luft umgeben, im Freien und auch in Räumen. Doch die Luft kann man nicht anfassen, nicht sehen und nicht riechen – dennoch ist sie immer da.

Was ist Luft?

Menschen können Eigenschaften haben. Auch die Stoffe in unserer Umwelt haben Eigenschaften. Sie können flüssig, fest oder gasförmig sein. Wasser ist flüssig, ein Stein fest, die Luft ist ein Gas. Sie hat keine besondere Form, sie riecht nach nichts, sie schmeckt nach nichts und sie hat keine Farbe.

Wind ist Luft, die sich bewegt. Wind lässt Dinge durch die Luft wirbeln und kann große Windräder antreiben.

Woran merke ich, dass Luft da ist?

Luft trocknet Wäsche auf der Leine oder deine Haare, wenn du sie föhnst. Luft verteilt Gerüche durchs ganze Haus, Luft füllt einen Luftballon, Luft kann als Wind kräftig blasen und die Blätter am Baum bewegen. Wenn du redest, erzeugt Luft in deinem Rachen die Töne. Du selbst kannst mit der Luft Kerzen auspusten oder einen Luftballon aufblasen.

Na so was!

Du atmest ungefähr 20-mal in der Minute ein und aus, beim Sport noch häufiger.

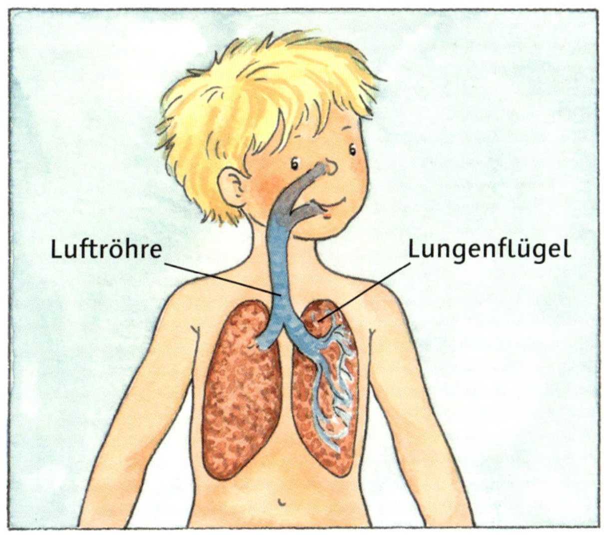

Durch die Luftröhre strömt die eingeatmete Luft in die Lungenflügel. Das Blut transportiert von dort den Sauerstoff aus der Luft in den ganzen Körper.

Können wir ohne Luft leben?

Wenn du für einige Sekunden die Luft anhältst, verlangt dein Körper schon bald nach Luft. Automatisch atmest du wieder ein. Beim Einatmen fließt die Luft durch Nase und Mund in deinen Körper. In der Luft ist der lebensnotwendige Sauerstoff, ohne den du nicht leben kannst. Beim Ausatmen gelangt die verbrauchte Luft wieder aus deinem Körper.

Luft ist überall

Obwohl du die Luft nicht sehen kannst, ist sie da. Wenn du einen Luftballon aufpustest, wird er immer größer, denn Luft braucht Platz und Raum. Auch in einem scheinbar leeren Glas befindet sich Luft. Stimmt das wirklich?

Na so was!

Auf dem Mond gibt es keine Luft. Astronauten müssen sie in Gasflaschen mitbringen, um dort atmen zu können.

Du brauchst:

1 große Glasschüssel, Wasser,
1 Trinkglas, 1 Handtuch

So geht's:

1. Fülle die Glasschüssel bis etwa zur Hälfte mit Wasser. Stelle sie auf ein Trockentuch. Nimm ein leeres Trinkglas zur Hand.

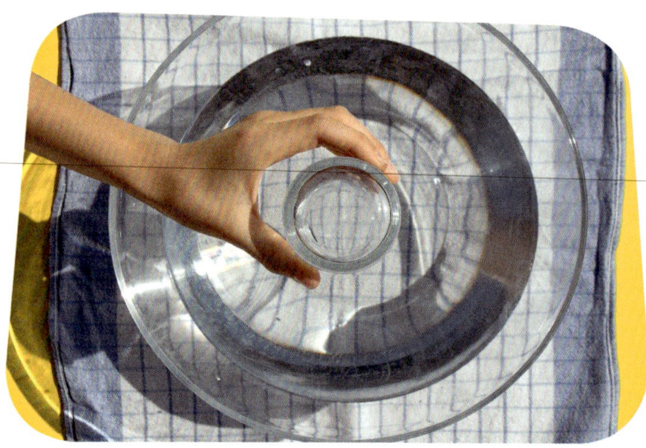

2. Drücke das Trinkglas mit der Öffnung nach unten senkrecht auf den Boden der Glasschüssel.

Das passiert:

3. Wenn du das Glas in das Wasser eintauchst, spürst du einen Widerstand. Das Glas enthält Luft. Diese Luft drückst du auf die Wasseroberfläche. Der Wasserspiegel steigt an.

4. Kippst du das Glas, entweicht die Luft in großen Blasen und das Wasser dringt in das Glas ein. Der Wasserspiegel sinkt wieder.

MACH MIT!

Ein tauchendes Gummibärchen

Dass sich in deinem Glas Luft befindet (Schritt 3 des Experiments), kannst du auch mit einem Gummibärchen beweisen.

Du brauchst:
1 Trinkglas, 1 Schüssel mit Wasser,
1 Gummibärchen

Drücke das Gummibärchen fest auf den Boden des Trinkglases, bis es klebt und führe den Versuch bis einschließlich Schritt 3 erneut durch. Bleibt das Bärchen trocken oder muss es tauchen lernen?

Warme und kalte Luft

Bei schönem Wetter sieht man manchmal bunte Heißluftballons scheinbar schwerelos in der Höhe schweben. Diese können allein durch warme Luft aufsteigen. Stimmt das wirklich? Was passiert, wenn Luft erwärmt oder abgekühlt wird?

Bei einem Heißluftballon wird mit einem Gasbrenner die Luft im Ballon erhitzt. Die Luft ist innen nun wärmer als außen, der Ballon steigt in die Höhe.

Du brauchst:

1 Luftballon, 1 leere Flasche, 1 Schüssel mit sehr heißem Wasser, 1 Schüssel mit eiskaltem Wasser

So geht's:

1. Fülle eine Schüssel mit heißem, die andere mit eiskaltem Wasser. Ziehe den Luftballon über den Flaschenhals.

2. Stelle die Flasche mit dem Luftballon ein paar Minuten in die Schüssel mit dem heißen Wasser.

3. Stelle die Flasche jetzt in die Schüssel mit dem eiskalten Wasser.

Das passiert:

4. Im heißen Wasser bläht sich der Ballon auf. Stellst du die Flasche ins kalte Wasser, sackt der Ballon in sich zusammen. Wird Luft erwärmt, dehnt sie sich aus, sie steigt nach oben. Kühlt die Luft wieder ab, zieht sie sich zusammen und sackt nach unten.

MACH MIT!

Bastle dir deinen eigenen kleinen „Heißluftballon"!

Du brauchst:
1 kleinen schwarzen Müllsack, 1 Gummi, 1 Holzstab, viel Sonne

1. Blase im Freien einen schwarzen Müllsack mit Luft auf und verschließe ihn fest mit dem Gummiband.
2. Binde eine Schnur daran fest, die du an einem Holzstab im Boden verankerst. Lege den Müllsack in die pralle Sonne.

Die Sonne erwärmt die Luft im schwarzen Müllsack. Die warme Luft steigt empor. Der Müllsack fliegt davon, wenn du ihn nicht festbindest. Warum sich ein schwarzer Müllsack schneller aufwärmt als z. B. ein durchsichtiger, erfährst du auf S. 46/47.

Luftdruck

Was passiert, wenn du ein Trinkglas, randvoll mit Wasser gefüllt, umdrehst? Na klar, das Wasser fließt heraus. Mit einem Trick kannst du das verhindern und dein Publikum verblüffen. Die Luft wirkt hier als unsichtbare Kraft.

Na so was!

Im Fahrstuhl oder Flugzeug spürst du manchmal den Luftdruck als Druck auf den Ohren. Das kann auch richtig wehtun.

Du brauchst:

1 Trinkglas, 1 alte Postkarte, 1 kleine Wanne oder 1 Waschbecken, Wasser

So geht's:

1. Fülle das Trinkglas über einer kleinen Wanne oder über dem Waschbecken bis zum Rand mit Wasser. Lege die Karte darauf.

2. Drehe das Glas auf den Kopf. Halte die Karte noch fest und drücke sie gegen das Wasser. Lasse langsam los.

Das passiert:

3. Die Karte fällt nicht herunter, obwohl das Glas auf dem Kopf steht. Die Luft, die von unten gegen die Karte drückt, ist kräftiger als das Gewicht des Wassers. Diese Kraft nennt man Luftdruck. Als Luftdruck bezeichnet man den Druck, den die Luft auf alles auf der Erde ausübt.

Diese Dinge funktionieren mit Luftdruck:

Reifen

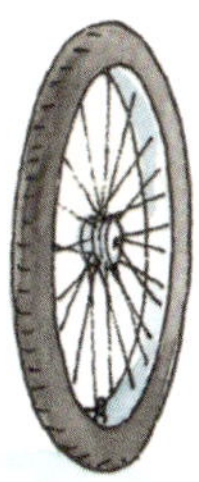

Luftpumpe

Saugglocke

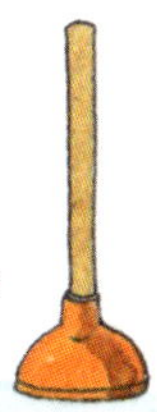

Fahrradhupe

MACH MIT!

Warum halten Saugnäpfe?

Saugnäpfe, die in der Küche oder im Bad Handtücher an der Wand halten, funktionieren auch mit Luftdruck.

Der äußere Luftdruck bewirkt, dass der Saugnapf fest an der Oberfläche haftet. Dieser ist höher als der Luftdruck zwischen dem Saugnapf und der Fläche.

Was passiert wohl, wenn du den Rand des Saugnapfes anhebst? Beim Anheben gleicht sich der Luftdruck unter dem Saugnapf mit dem äußeren Luftdruck aus. Der Saugnapf haftet nicht mehr an der Wand und fällt herunter.

Quiz

Wie nennt man die Kraft, die Luft ausübt?

Lösung: Luftdruck

HÖREN UND MUSIK

Töne hören

Die Klingel an der Haustür, das Rufen der Mutter, ein gesungenes Lied – unsere Ohren empfangen ständig Töne und Geräusche aus der Umgebung. Aber wie entstehen Töne überhaupt? Und wie können wir sie hören?

Ein Ton entsteht durch Schwingung. Bei einer Geige werden mit dem Bogen die Saiten gestrichen. Durch diese Bewegung entstehen Schallwellen, die über die Luft an unsere Ohren gelangen.

Wie hören wir Töne?

Deine Ohrmuschel fängt die Schallwellen wie ein Trichter auf. Innen in deinem Ohr befindet sich ein dünnes Häutchen, das Trommelfell. Wenn die Schallwellen darauftreffen, schwingt dieses Häutchen mit und überträgt die Töne in den inneren Teil deines Ohrs, an die Gehörknöchelchen und die Ohrschnecke. Erst hier werden die Schallwellen in Nervensignale umgewandelt, die im Gehirn landen. Jetzt hörst du den Ton.

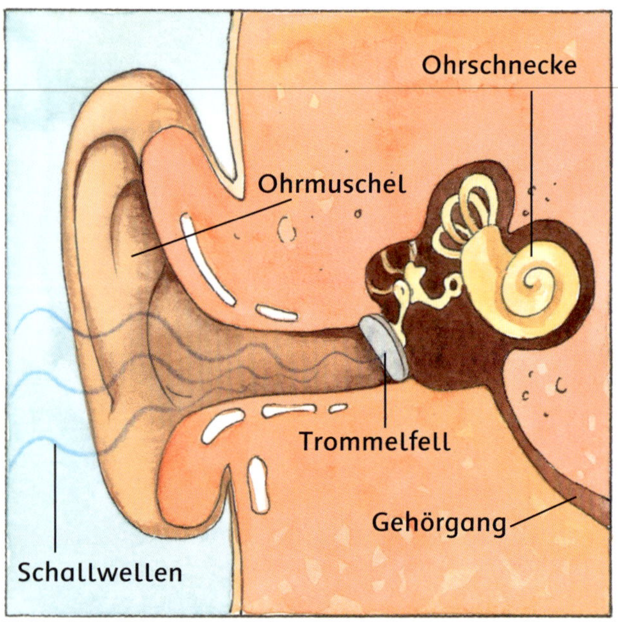

Wie verständigen sich Gehörlose?

Stell dir vor, du hörst nichts mehr. Alle vertrauten Geräusche nimmst du nicht mehr wahr. Wenn du deine Ohren mit Watte oder Ohrenstöpseln verstopfst und noch Ohrenschützer darüberziehst, kannst du nachempfinden, wie Gehörlose die Welt erleben. Gehörlose müssen das Sprechen erst lernen, denn sie können ja ihre eigene Stimme nicht hören. Sie verständigen sich mit Zeichen, der Gebärdensprache.

Na so was!

Deine Ohren sind 24 Stunden am Tag „auf Empfang". Der Hörsinn ist nämlich ein „Alarmsinn", der uns ständig vor Gefahren warnt.

Wie kann man Schall sichtbar machen?

Warst du schon mal am Meer? Dort kannst du Wasserwellen am Strand beobachten. Schallwellen dagegen kann man nicht sehen. Trotzdem kannst du die Schwingungen sichtbar machen. Tanzende Sandkörner sind der Beweis.

Na so was!

Im Weltall gibt es gar keine Geräusche, denn dort gibt es keine Luft, die Schwingungen weiterleiten könnte.

Du brauchst:

1 Schüssel, Frischhaltefolie, 1 Topfdeckel aus Metall, 1 Kochlöffel, 1 Schere, etwas Sand, alternativ Zucker oder Salz

So geht's:

1. Ziehe die Frischhaltefolie straff über die Schüssel. Lass dir dabei von jemandem helfen.

2. Verteile eine dünne Schicht Sand auf der Frischhaltefolie.

3. Halte den Deckel in die Nähe der Schüssel. Schlage mit dem Kochlöffel dagegen.

Das passiert:

4. Die Sandkörner hüpfen bei jedem Schlag auf der Frischhaltefolie auf und ab, obwohl sie nicht berührt werden. Der Topfdeckel gerät durch dein Schlagen in Schwingungen. Der dadurch entstehende Schall wird über die Luft auf die Sandkörner übertragen.

MACH MIT!

Töne im Wasser

Du brauchst:
1 Stimmgabel, 1 Glas mit Wasser

Schlage die Stimmgabel an, sodass sie klingt. Halte sie dann sofort in das Glas mit Wasser.

Um die Stimmgabel herum bilden sich Wellen. Das sind die Schallwellen, die sich im Wasser verteilen.

Quiz

Wie heißt die dünne Haut im Ohr, die Schallwellen weiterleitet?

Lösung: Trommelfell

Richtungshören

Eine Nachtwanderung ist aufregend! Im dunklen Wald hörst du Igel, Mäuse oder Füchse rascheln. Aber hörst du auch, aus welcher Richtung das Geräusch kommt? Wie genau kann man die Richtung, aus der der Schall kommt, bestimmen?

Du brauchst:

1 Schlauch (ca. 1 bis 1,5 m lang)
2 Trichter, 1 Bleistift, Klebeband,
1 Tisch, 1 Versuchspartner/in

So geht's:

1. Schiebe über die beiden Enden des Schlauchs jeweils einen Trichter. Markiere die Mitte des Schlauchs mit einem Klebeband.

2. Halte die beiden Enden des Schlauchs so an deine Ohren, dass der Schlauch einen Kreis bildet und auf dem Tisch liegt.

Na so was!

Bei vielen Tieren sind die Ohren beweglich. So kann der Hase seine Ohren blitzschnell einer Geräuschquelle zuwenden.

3. Dein/e Versuchspartner/in klopft nun links oder rechts von der markierten Mitte auf den Schlauch. Du musst sagen, auf welcher Seite des Schlauchs angeschlagen wurde. Danach tauscht ihr die Rollen.

Das passiert:

4. Die jeweilige Seite des Schlauchs, auf die geklopft wurde, kann genau angegeben werden.

Schall trifft nicht gleichzeitig, sondern etwas zeitverzögert in deinen Ohren ein. Befindest du dich schräg zu einem Geräusch, sind deine beiden Ohren unterschiedlich weit von diesem Schall entfernt. Diesen kleinen Zeitunterschied verarbeitet dein Gehirn und kann daraufhin den Ort des Schallereignisses feststellen. Es hat also Vorteile, zwei Ohren zu haben anstatt nur eines.

MACH MIT!

Der versteckte Wecker

Du brauchst:
1 Wecker, 1 oder mehrere Mitspieler

Während dein Mitspieler vor der Tür wartet, versteckst du einen tickenden Wecker im Raum. Dein Spielpartner darf nun hineinkommen. Dann müsst ihr ganz leise sein. Hört er aus welcher Richtung das Ticken kommt und wo der Wecker versteckt ist? Danach bist du an der Reihe. Wer findet den Wecker schneller?

Wie kann man leise Geräusche besser hören?

Manche Tiere, wie zum Beispiel Fledermäuse, haben im Verhältnis zu ihrer Körpergröße riesengroße Ohren. Sie können damit die leisesten Geräusche hören. Kann man etwa mit großen Ohren besser hören?

Fledermaus

Du brauchst:

1 DIN-A4-Blatt Tonpapier, 1 Radio, Klebeband

So geht's:

1. Drehe das Tonpapier zu einem Trichter. Klebe die Längsseite mit dem Klebeband fest.

2. Halte den Trichter mit der schmalen Öffnung an dein Ohr.

3. Halte nun den Trichter mit der breiten Öffnung an das Radio und drehe es ganz leise auf. Lausche mit und ohne Trichter der Musik.

Das passiert:

4. Wenn du mit dem Trichter der Musik lauschst, hörst du sie plötzlich viel lauter. Die große Öffnung des Trichters fängt die Schallwellen auf, bündelt sie und leitet sie verstärkt in dein Ohr. Der Trichter wirkt wie eine vergrößerte Ohrmuschel.

Das Experiment funktioniert auch mit einem Einfülltrichter aus der Küche.

Zum Abhorchen von Körpergeräuschen benutzt ein Arzt ein Stethoskop. Auch hier ermöglicht ein Trichter eine bessere Schallaufnahme.

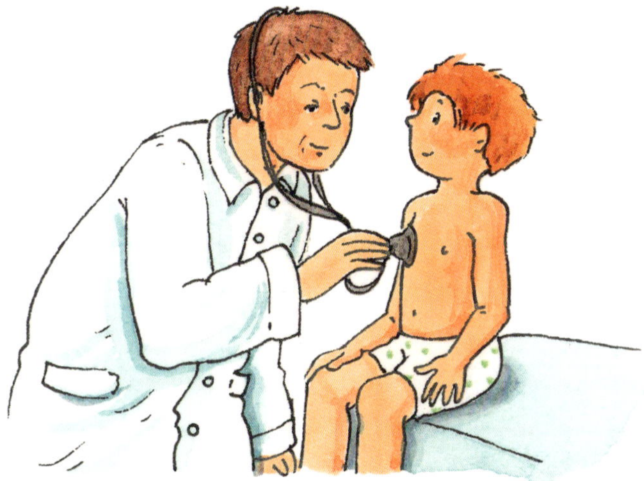

MACH MIT!

Das Megafon

Umgekehrt kannst du auch in die schmale Öffnung des Trichters hineinsprechen. Die so erzeugten Schallwellen werden wieder gebündelt und verstärkt. Deine Stimme wird lauter. So funktioniert ein Sprechrohr oder ein Megafon.

Wie entsteht Musik?

Gemeinsam zu musizieren macht viel Spaß! Vielleicht spielst du selbst schon ein Instrument. Wusstest du, dass man auch mit Gläsern richtig schöne Musik machen kann?

Mit diesen Instrumenten kannst du Musik machen:

Du brauchst:

5 dünnwandige Gläser, 1 Messbecher, Wasser, flüssige Lebensmittelfarbe, 1 Metalllöffel

Na so was!

Beim Glockenspiel hängt die Tonhöhe von der Länge der Metallplättchen ab.

So geht's:

1. Fülle den Messbecher mit Wasser und gib ein paar Tropfen Lebensmittelfarbe dazu.

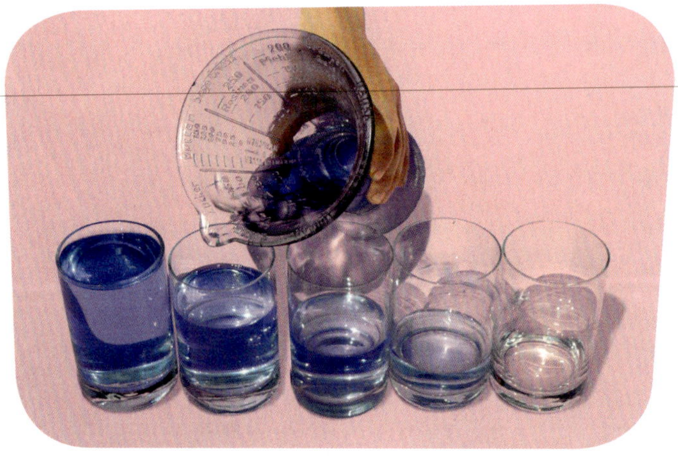

2. Gib in die vier Gläser unterschiedlich viel Wasser. Das fünfte Glas bleibt leer.

3. Schlage mit dem Löffel vorsichtig gegen die Gläser.

Das passiert:

4. Jedes Glas hört sich anders an. Wenn du die Gläser anschlägst, beginnt das Glas zu schwingen. Das Wasser in den Gläsern bremst jedoch die Schwingung. Bei vollen Gläsern ist der Ton tiefer, bei leeren höher.

MACH MIT!

Gummi-Gitarre

Auch mit einer selbst gebastelten Gitarre kannst du unterschiedliche Töne erzeugen.

Du brauchst:
3 Gummis verschiedener Stärke, aber gleicher Länge, eine kleine Holzkiste

1. Spanne die drei Gummis nebeneinander über die Holzkiste.

2. Wenn du an den Gummis zupfst, kannst du unterschiedliche Töne erzeugen.

Welche Töne dabei entstehen, hängt davon ab, wie schnell die Gummis bzw. die Saiten einer Gitarre schwingen.

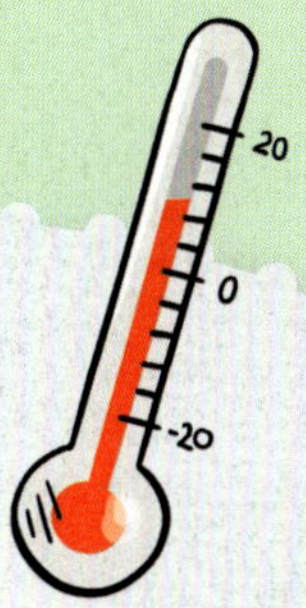

TEMPERATUR UND WÄRME

Wärme und Kälte

Im Winter ist die Luft draußen kalt und du frierst, wenn du dich nicht warm anziehst. Im Sommer aber, wenn die Sonne herunterbrennt, ist dir heiß und du möchtest dich in einem kühlen See erfrischen. Dein Körper spürt Wärme und Kälte.

Na so was!

Unser Thermometer hat ein Forscher namens Anders Celsius erfunden. Bei der Einteilung seiner Messskala verwendete er Wasser. Kochte das Wasser, legte er 100 Grad Celsius fest, gefror es zu Eis, 0 Grad Celsius.

Wie spürt der Körper Temperaturen?

Unsere Haut ist das Sinnesorgan, mit dem wir fühlen. In ihr liegen viele kleine Sinneszellen, mit denen du spüren kannst, ob etwas weich oder fest, glatt oder rau ist. Aber auch die Temperatur draußen kannst du mit der Haut fühlen. Das spürst du, wenn deine Haut Schweiß produziert oder du eine Gänsehaut beim Frieren bekommst.

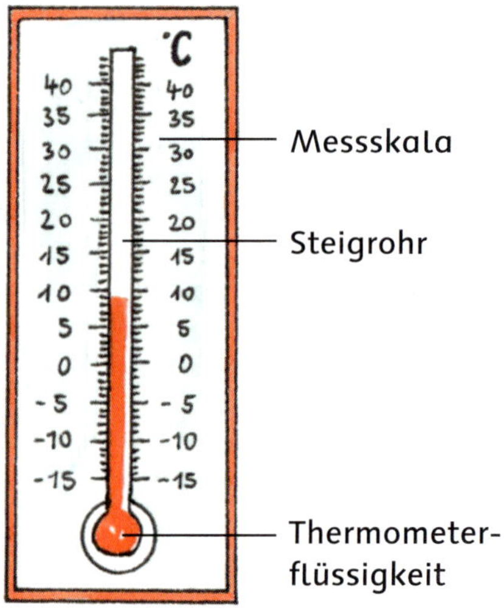

Wie funktioniert ein Thermometer?

Willst du genau wissen, wie kalt oder warm es ist, brauchst du ein zuverlässiges Messinstrument – ein Thermometer. Ein solches Gerät besteht meist aus einem Glasgefäß und einem sehr engen Steigrohr mit einer Messskala. In Gefäß und Steigrohr befindet sich eine besondere Flüssigkeit. Wird diese erwärmt, steigt sie nach oben. Beim Abkühlen sinkt sie. Auf der Skala kannst du die Temperatur in Grad Celsius ablesen. Digitale Thermometer zeigen die Temperatur als Zahl an.

Wie heiß ist die Sonne?

Die Sonne liefert Licht und Wärme für das Leben auf der Erde. Sie ist eine riesige Gaskugel, in deren Inneren es mehrere Millionen Grad heiß ist. Zum Glück kühlen die Sonnenstrahlen auf dem langen Weg zur Erde ab, sonst würden sie alle Tiere, Pflanzen und Menschen verbrennen. Die Wärme der Sonne können die Menschen gut verwenden. Sie sammeln die Sonnenstrahlen auf Hausdächern in Sonnenkollektoren oder Solarzellen und nutzen so die Energie der Sonne.

In den Solarzellen wird die eingefangene Sonnenenergie in Strom umgewandelt. Sonnenkollektoren werden zum Erhitzen von Wasser verwendet.

Sonnenkollektoren und Solarzellen unterscheiden sich kaum in ihrem Aussehen.

Warm oder kalt?

Hast du das schon einmal erlebt? Im Schwimmbad duschst du dich vor dem Baden noch einmal kurz kalt ab, dein Freund aber springt gleich ins Becken. „Brrr, ist das kalt!“, ruft er. Du empfindest das Wasser aber als ganz warm. Wie ist das möglich?

Du brauchst:

3 Schüsseln, kaltes, warmes aber nicht heißes und lauwarmes Wasser, 1 Handtuch

So geht's:

1. Fülle je eine Schüssel mit kaltem, mit lauwarmem und mit warmem Wasser. Tauche deine rechte Hand eine Minute in das kalte Wasser, die linke gleichzeitig in das warme Wasser.

2. Nimm die Hände aus den Schüsseln und tauche beide Hände in die mittlere Schüssel mit lauwarmem Wasser.

Das passiert:

3. Jede Hand empfindet die Temperatur unterschiedlich: An deiner rechten Hand, die du zuvor ins kalte Wasser getaucht hattest, fühlt sich das lauwarme Wasser angenehm warm an. Das ist deshalb so, weil deine ausgekühlten Finger die Wärme des lauwarmen Wassers aufnehmen. Umgekehrt gibt deine aufgewärmte linke Hand die Wärme an das lauwarme Wasser ab. Diesen Wärmeentzug empfindest du als kalt.

Bei einem Temperaturwechsel ist es wichtig, welche Temperatur man vorher „erlebt" hat, also ob die Haut vorher „warm" oder „kalt" gespürt hat.

Na so was!

Beim Wetter spricht man oft von „gefühlter Temperatur". Zum Beispiel bei starkem Wind: Dann empfinden wir es draußen kälter, als es tatsächlich ist.

Quiz

Mit welchem Gerät misst man die genaue Temperatur?

Lösung: Thermometer

MACH MIT!

Was spürst du nun?

Du brauchst:
2 Schüsseln gefüllt mit kaltem und lauwarmem Wasser.

Überlege zuerst: Welche Temperatur spürst du, wenn du beide Hände zusammen erst in das kalte Wasser und dann in das lauwarme Wasser hältst? Warm oder kalt? Empfindest du mit beiden Händen die gleiche Temperatur? Überprüfe nun deine Vermutung.

Das lauwarme Wasser empfindest du als sehr warm. Nun fühlt es sich an beiden Händen gleich warm an, denn beide Hände wurden vorher abgekühlt.

Die Wärme der Sonne

Sonnenkollektoren sind Vorrichtungen, die die warmen Strahlen der Sonne einfangen. Dadurch liefern sie den Menschen warmes Wasser zum Duschen und Heizen. Auch du kannst die Wärme der Sonne einfangen. Probier's aus!

Na so was!

Vorsicht im Umgang mit Thermometern: Sie enthalten oft giftige Stoffe, die frei werden, wenn die Hülle zerbricht.

Du brauchst:

2 gleich große Blechdosen, 1 Thermometer, 1 Blatt weißes Papier, 1 Blatt schwarzes Papier, Klebeband, 1 Schere, Wasser, viel Sonne

So geht's:

1. Umklebe eine Dose mit dem weißen Papier, die andere mit dem schwarzen. Vorsicht: Der Dosenrand kann scharf sein. Fülle in beide Dosen gleich viel Wasser.

2. Stelle sie direkt in die Sonne. Warte mindestens zwei Stunden und miss dann mit einem Thermometer die Wassertemperatur in beiden Dosen.

Das passiert:

3. Das Wasser in der schwarzen Dose ist wärmer als das Wasser in der weißen Dose. Wenn die Sonne auf einen Gegenstand scheint, wird ein Teil der Sonnenstrahlen „zurückgeworfen“ und ein Teil vom Gegenstand „geschluckt“ und in Wärme verwandelt. Je dunkler die Farbe des Gegenstands ist, desto mehr Sonnenstrahlen werden zu Wärme umgewandelt. Schwarz „schluckt“ fast die gesamten Sonnenstrahlen und heizt deshalb stärker auf.

Quiz

Mit welchen schwarzen Geräten können Menschen die Sonnenstrahlen und ihre Wärme sammeln?

Lösung: Sonnenkollektoren

MACH MIT!

Sonnendusche

Die Wärme der Sonne kannst du im Garten mit einer Sonnendusche nutzen.

Du brauchst:
1 große Gießkanne, schwarze, wasserfeste und lösemittelfreie Farbe (z. B. Acrylfarbe, matt), 1 dicken Pinsel, 1 feste Schnur

Male die Gießkanne mit schwarzer, deckender Farbe an. Wenn die Farbe getrocknet ist, binde eine feste Schnur um den Henkel. Nun kannst du die mit Wasser gefüllte Gießkanne an einen Baum hängen. Suche dafür einen Ast aus, der dick genug ist und viel Sonnenschein abbekommt. Mit der Zeit wärmt sich das Wasser in der schwarzen Gießkanne auf.

Warum frieren Seehunde nicht?

Es gibt viele Tiere, wie zum Beispiel Seehunde, Robben und Eisbären, die sich im eiskalten Wasser der Polarmeere sehr wohlfühlen. Wie ertragen sie die Kälte?

Du brauchst:

2 Schüsseln, kaltes Wasser, Eiswürfel, Vaseline (Fettcreme), 1 Handtuch, Küchenrolle, 1 Uhr mit Sekundenzeiger, 1 Versuchspartner/in

So geht's:

1. Fülle zwei Schüsseln mit dem kalten Wasser und den Eiswürfeln.

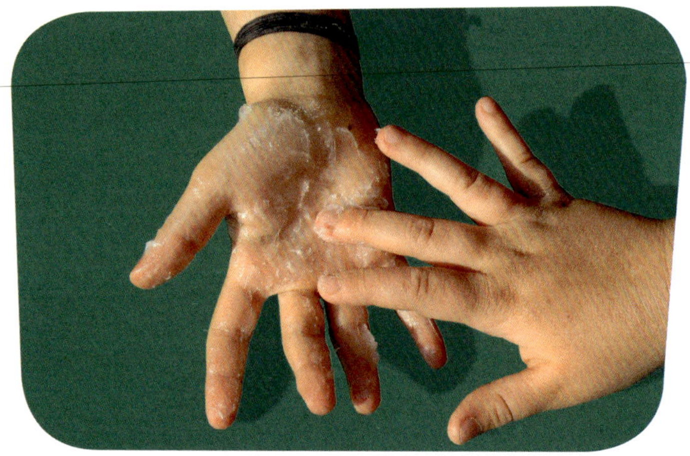

2. Bitte nun deine/n Partner/in, eine Hand dick mit Vaseline einzucremen.

Na so was!

Skifahrer und Bergsteiger cremen sich das Gesicht mit Fettcreme ein, um so gegen die Kälte geschützt zu sein.

3. Halte beide Hände gleichzeitig in das kalte Eiswasser. Halte 10 Sekunden aus. Trockne dann die nicht eingecremte Hand mit dem Handtuch, die eingecremte mit Papier von der Küchenrolle ab.

Das passiert:

4. Schon nach kurzer Zeit wird die nicht eingecremte Hand eiskalt, die andere bleibt warm. Du empfindest die Kälte mit der eingecremten Hand nicht so stark und es dauert auch länger, bis du überhaupt Kälte spürst. Fett schützt vor Kälte.

Manche Tiere fressen sich vor dem Winter eine dicke Fettschicht an, um überleben zu können. Robben, Wale und Delfine haben von Natur aus unterhalb der Haut eine bis zu zehn Zentimeter dicke Fettschicht. Man nennt diese Schicht auch „Blubber".

MACH MIT!

Wärmen wie die Pinguine

Um sich gegenseitig zu wärmen, rücken manche Tiere auch ganz nah zusammen. So machen es zum Beispiel die Pinguine: Stell dich mit deinen Freunden im Freien ganz dicht aneinander. Diejenigen, die innen stehen, bleiben durch die Außenstehenden geschützt ganz warm. Nach einiger Zeit wechselt ihr die Plätze, sodass alle mal außen oder innen stehen.

LICHT UND FARBEN

Sonne und Licht

Licht kannst du sehen, wenn die Sonnenstrahlen durch die Wolken fallen, oder du eine Lampe anschaltest. Du spürst die Wärme der Strahlen auf deiner Haut, doch du kannst sie nicht anfassen. Ohne Licht wäre ein Leben auf der Erde nicht möglich.

Woher kommt das Licht?

Es gibt natürliches und künstliches Licht. Die wichtigste natürliche Lichtquelle ist die Sonne. Sie spendet Wärme und Licht. Aber auch der Mond und Blitze leuchten hell am Himmel. Vom Menschen geschaffene Lichtquellen nennt man künstlich. Dazu gehören Fackeln, Kerzen und Öllampen, Glühlampen und Laser.

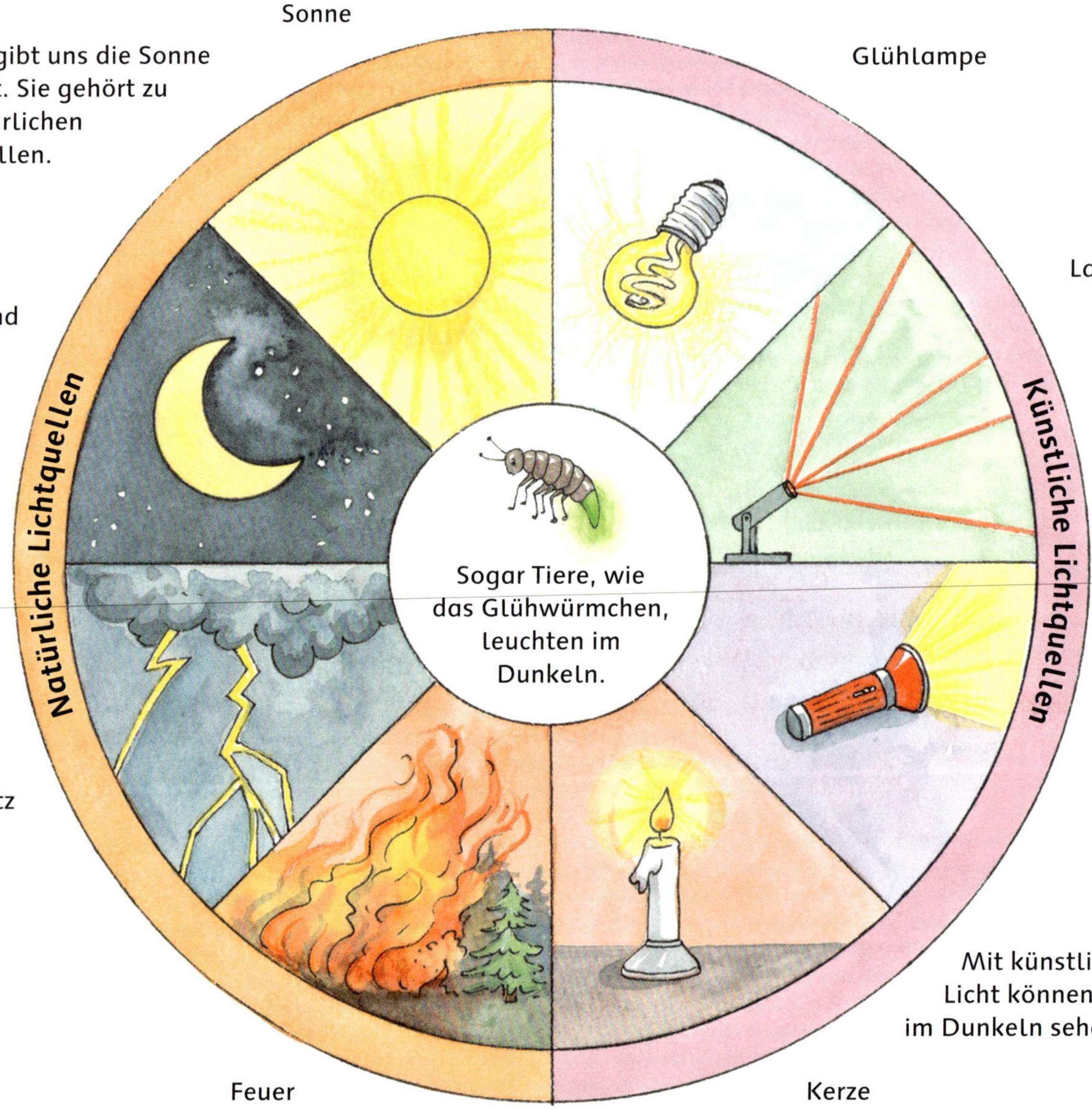

Am Tag gibt uns die Sonne das Licht. Sie gehört zu den natürlichen Lichtquellen.

Mit künstlichem Licht können wir auch im Dunkeln sehen.

Wenn du die verschiedenen Wasserfarben miteinander mischt, entstehen neue Farben. Probier's aus!

Diese Farben findest du in deinem Malkasten:

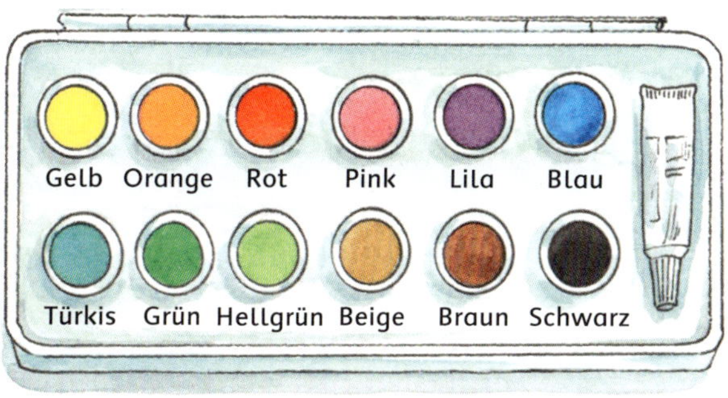

Woher kommen die Farben?

Erst wenn die Sonne scheint, wird die Welt um uns herum farbig. Trotzdem sieht Sonnenlicht für uns weiß aus. Aber eigentlich stecken in ihm alle Farben. Das siehst du, wenn ein Regenbogen mit seinen bunten Farben am Himmel leuchtet.
Das Sonnenlicht verbreitet sich in Wellen – ganz ähnlich wie die Wellen im Meer. Es gibt verschiedene Lichtwellen: kurze, mittlere und lange Lichtwellen. Jede Farbe hat ihre eigenen. Die Farbe Blau hat zum Beispiel ganz kurze, Rot ziemlich lange Wellen. Alle Wellen zusammen ergeben weißes Licht wie bei der Sonne.

Was passiert mit dem Licht in unseren Augen?

Trifft das weiße Sonnenlicht auf einen undurchsichtigen Gegenstand, werden die Strahlen zurückgeworfen – reflektiert. Nur diese Lichtwellen treffen in unsere Augen. Winzige Zellen auf der Netzhaut unseres Auges sind verantwortlich, dass wir verschiedene Farben und Helligkeiten sehen können. Den Rest erledigt unser Gehirn: Aus Blau, Grün und Rot mischt es alle Farben zusammen.

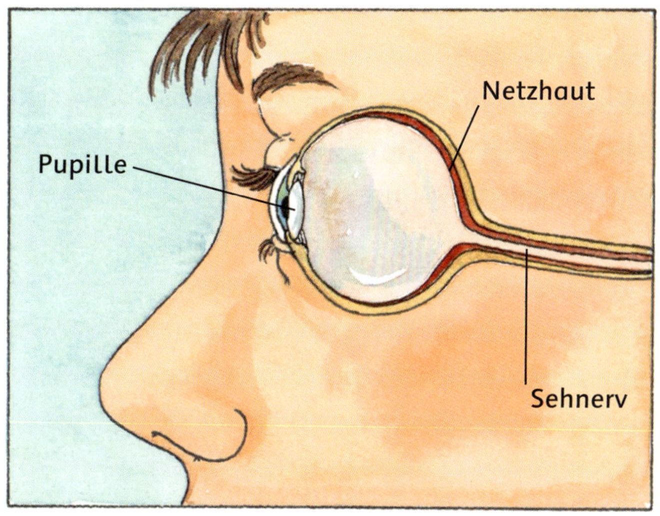

Licht fällt durch die Pupille auf die Netzhaut. Dort werden Licht und Farben wahrgenommen und über den Sehnerv an das Gehirn weitergeleitet.

Na so was!

Kommt zu viel Licht ins Auge, kann man blind werden. Deshalb nie direkt in die Sonne schauen!

Schattenbilder

Wo es Licht gibt, gibt es auch Schatten. Auch du wirfst einen Schatten, wenn du in der Sonne stehst. Bewegst du dich, verändert er sich auch. Stimmt das? Oder kannst du vielleicht deinen Schatten festhalten?

Du brauchst:

1 großen Bogen Packpapier, bunte Stifte, 1 Versuchspartner/in, Sonnenschein

So geht's:

1. Lege das Packpapier auf den Boden. Finde eine Position, bei der dein Schatten auf das Papier fällt. Dein/e Versuchspartner/in malt mit einem Stift deinen Umriss nach.

2. Nimm unterschiedliche Haltungen ein und verändere deinen Abstand zum Packpapier. Dein/e Partner/in malt wieder die Umrisse der neuen Schatten nach.

Das passiert:

3. Das Bild zeigt die verschiedenen Schattenumrisse, die durch deine unterschiedlichen Positionen und Haltungen entstanden sind. Wenn die Sonne deinen Körper bescheint, entsteht hinter dir eine dunkle Fläche. Die Sonnenstrahlen können den Körper nicht durchdringen. Wenn du dich bewegst, verändert sich auch dein Schatten.

Probiere auch lustige Figuren aus – dein Schatten macht immer mit!

MACH MIT!

Schattentheater

Du brauchst:
1 Taschenlampe, schwarzen Karton, mehrere Stöckchen, 1 Schere, doppelseitiges Klebeband, ein dunkles Zimmer

1. Schneide aus dem schwarzen Karton eine oder mehrere Figuren, z. B. verschiedene Tiere.

2. Befestige die Figuren mit dem doppelseitigen Klebeband an den Stöckchen.

Halte die Figuren zwischen die eingeschaltete Taschenlampe und eine Wand. Nähere die Figuren einmal der Wand, einmal dem Licht und beobachte die Schatten.

Vielleicht denkst du dir ein kleines Theaterstück aus und führst es vor deinen Freunden auf?

Tag und Nacht – hell und dunkel

Wenn du morgens beim Frühstück sitzt, schlafen die Menschen in Nordamerika noch, denn dort ist Nacht. Aber warum ist es auf der einen Seite der Erdkugel hell und auf der anderen dunkel? Warum gibt es Tag und Nacht?

Ist bei uns schon Tag, ist es auf der anderen Seite der Erde noch Nacht.

Du brauchst:

1 Taschenlampe, 1 Orange oder 1 anderen kugelförmigen Gegenstand, 1 Klebepunkt

So geht's:

1. Beklebe die Orange mit einem bunten Klebepunkt (an diesem Punkt „wohnst" du.) Verdunkle nun den Raum.

2. Nimm die Orange zwischen Daumen und Zeigefinger. Die Taschenlampe ist die Sonne, die Orange die Erde. Halte die Orange so vor die Lampe, dass der Klebepunkt Richtung Lampe zeigt.

Das passiert:

3. Drehe die Orange nun so, dass der Klebepunkt im Dunkeln liegt. Diese Erdhälfte liegt nun im Schatten, es ist Nacht. Die Sonne befindet sich auf der anderen Seite der Erde. Die Erde dreht sich einmal in 24 Stunden um sich selbst. Dadurch ist immer nur eine Seite der Erdkugel der Sonne zugewandt. Ist es bei uns Tag, wird die Erdhälfte angestrahlt, auf der wir leben.

Quiz

Wie lange braucht die Erde, um sich einmal um sich selbst zu drehen?

Lösung: 24 Stunden

Na so was!

Auch der Mond dreht sich um sich selbst und wird von der Sonne angestrahlt. Allerdings dreht er sich nur etwa einmal im Monat. Eine bestimmte Mondlandschaft liegt dann etwa zwei Wochen lang ununterbrochen im Sonnenschein, dann beginnt die ebenfalls zweiwöchige Mondnacht.

MACH MIT!

Tag und Nacht in deinem Land

Du brauchst:
1 Globus, 1 Taschenlampe, 1 wieder ablösbarer Klebepunkt

Besorge dir einen Globus und führe den Versuch noch einmal aus. Achte auf das Land, in dem du lebst. Wenn du dein Heimatland nicht finden kannst, bitte einen Erwachsenen, es dir zu zeigen.

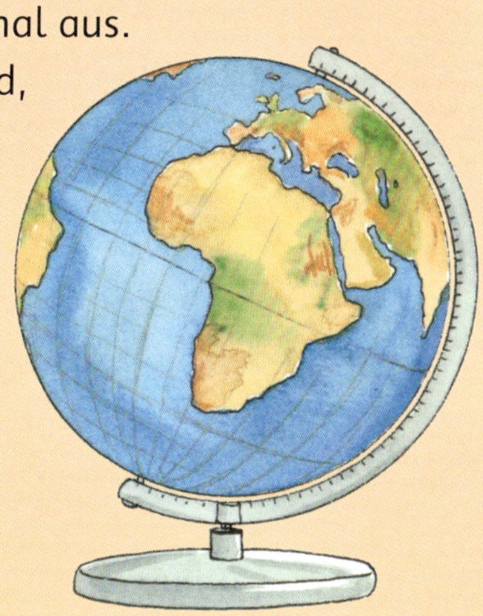

Die Regenbogenfarben

Hast du das schon einmal erlebt? Der Regen hat noch nicht ganz aufgehört, da scheint schon wieder die Sonne. Und plötzlich ist er da – der bunte Regenbogen. Möchtest du einmal selbst einen Regenbogen zaubern? Das ist ganz einfach!

Ein Regenbogen leuchtet immer in Rot, Orange, Gelb, Grün, Hellblau, Dunkelblau und Violett.

Du brauchst:

1 flache Schale (z. B. Auflaufform), 1 Taschenlampe, 1 Spiegel (der nass werden darf), Blatt weißes Papier, Wasser

So geht's:

1. Fülle die Schale mit Wasser. Tauche den Spiegel hinein und lehne ihn schräg gegen die Wand der Schale.

2. Nimm die Taschenlampe und leuchte damit auf den Teil des Spiegels, der sich unter Wasser befindet.

3. Halte das weiße Papier senkrecht vor den Spiegel.

Das passiert:

4. Auf dem Papier erscheint das Bild eines Regenbogens. Das vom Spiegel zurückgeworfene weiße Licht wird beim Austritt aus dem Wasser gebrochen. Die Farben, aus denen sich weißes Licht zusammensetzt, werden sichtbar.
In der Natur wirken die kleinen Wassertröpfchen in der Luft wie Spiegel. Die Sonnenstrahlen müssen durch die Tropfen durch und werden beim Austritt gebrochen. Die einzelnen Farben des Sonnenlichts erscheinen als Regenbogen.

Quiz

Bei welchem Wetter entsteht ein Regenbogen?

Lösung: Sonne und Regen gleichzeitig

MACH MIT!

Einmal Farben und zurück

Aus den Regenbogenfarben kannst du wieder weißes Licht machen.

Du brauchst:
1 weißen Karton, 1 Zirkel,
1 Bleistiftstummel, 1 Lineal, 1 Schere,
Buntstifte/Wasserfarben

1. Zeichne mit dem Zirkel einen ca. zehn Zentimeter großen Kreis auf den Karton. Unterteile den Kreis mit dem Lineal in sieben gleich große Flächen. Schneide ihn aus.

2. Male die Teile in den Regenbogenfarben an. Bohre ein Loch in die Mitte der Scheibe und stecke den Bleistift durch das Loch.

3. Drehe die Scheibe wie einen Kreisel. Nun kannst du die Farben nicht mehr unterscheiden – sie erscheinen dir weiß.

GRÜNE PFLANZEN

Alles über Pflanzen

Pflanzen sieht man überall: in Wäldern, auf Wiesen, in Gärten, daheim auf deiner Fensterbank. Sie machen unsere Welt nicht nur grüner, wir könnten ohne sie gar nicht leben.

Topfpflanzen müssen regelmäßig gegossen werden.

Warum brauchen wir Pflanzen?

Pflanzen produzieren Sauerstoff und den benötigen Menschen und Tiere zum Atmen. Außerdem verbrauchen sie das Gas, das wir ausatmen. Ohne grüne Pflanzen wäre zu viel davon da und wir müssten ersticken. Und Pflanzen ernähren uns – Obst und Gemüse sind ein wichtiger Bestandteil unserer Ernährung.

Wie ernähren sich Pflanzen?

Pflanzen nehmen über ihre Blätter Sonnenlicht auf, das sie brauchen, um ihre Nahrung herzustellen. Aus einem Gas in der Luft, Kohlenstoffdioxid genannt, Wasser und Nährstoffen aus dem Boden machen sie Sauerstoff und Traubenzucker. Dieser Traubenzucker hilft ihnen, zu wachsen und zu blühen. Traubenzucker, den die Pflanze nicht gleich braucht, speichert sie als Stärke.

Wie sind Pflanzen aufgebaut?

An vielen Pflanzen kannst du den gleichen Aufbau erkennen: In den Blüten entwickeln sich Samen und Früchte, mit denen sich die Pflanze fortpflanzt. Über die Blätter nimmt sie das Licht auf, das sie braucht, um ihre Nahrung herzustellen. Der Stängel oder Stamm transportiert Nährstoffe und Wasser aus dem Boden in alle Teile der Pflanze. Die Wurzeln nehmen das Wasser und die Nährstoffe aus der Erde auf. Außerdem verankern sie die Pflanze im Boden.

Na so was!

Der Löwenzahn kann mit seinen Wurzeln den harten Asphalt von Straßen durchbrechen.

Wie entsteht eine Pflanze?

Alle Blütenpflanzen beginnen ihr Leben als kleiner Samen: Die riesige Eiche wächst aus einer kleinen, nur zwei Zentimeter großen Eichel heran. Ein Apfelbaum entsteht aus einem kleinen Apfelkern, der mitten in der Frucht sitzt. Samen können wie beim Löwenzahn durch den Wind oder durch Tiere verbreitet werden. Der Samen fällt auf die Erde und dort wächst eine neue Pflanze heran.

So entsteht der Löwenzahn:

Quiz

Womit nehmen die Pflanzen das Wasser aus der Erde auf?

Lösung: Mit den Wurzeln

Was brauchen Pflanzen zum Leben?

Alle Pflanzen brauchen neben dem Sauerstoff aus der Luft, Licht, Wasser und Erde, denn nur so können sie wachsen und gedeihen. Was passiert, wenn nur eines dieser Dinge fehlt, erfährst du mit diesem Experiment:

●	●	●	●
Kresse	Kresse	Kresse	Kresse
Erde	Erde	Erde	—
Wasser	—	Wasser	Wasser
Licht	Licht	—	Licht

Du brauchst:

4 kleine Schälchen, bunte Klebepunkte, Erde, 1 Sprühflasche mit Wasser, schwarzes Tonpapier, Kressesamen

So geht's:

1. Beklebe die Schälchen mit unterschiedlich farbigen Punkten. Fülle sie, bis auf das rot gekennzeichnete Schälchen, mit Erde.

2. Streue Kressesamen in alle Schälchen. Decke das gelb markierte mit dem Tonpapier ab. Besprühe die Samen im grün, gelb und rot gekennzeichneten Schälchen täglich mit Wasser.

Das passiert:

3. Im Schälchen mit dem grünen Klebepunkt wächst die Kresse am besten. Sie hat alles, was sie zum Leben braucht: Nahrung aus der Erde, Wasser und Licht. Wenn das Wasser fehlt (blau markiertes Schälchen), ist kein Wachstum möglich. Fehlt der Pflanze das Licht (gelb markiertes Schälchen), beginnt sie zwar zu wachsen, die kleinen Pflänzchen sind aber ganz bleich. Ohne Erde (rot markiertes Schälchen) beginnen die Samen zu keimen, aber um gut wachsen zu können, fehlen den Pflänzchen die wichtigen Nährstoffe aus der Erde.

Na so was!

Viele Zimmerpflanzen wachsen ohne Erde in einem Bett aus Tonkügelchen. Sie bekommen nur nährstoffreiches Wasser. Das nennt man Hydrokultur.

MACH MIT!

Pflanzen, die auf Watte wachsen?

Du brauchst:
1 kleines Schälchen, Watte, Kressesamen, Wasser

Gib in das Schälchen etwas Watte und befeuchte diese mit Wasser. Verteile die Kressesamen auf der Watte. Warte ein paar Tage und achte währenddessen darauf, dass die Watte feucht bleibt.
Die Kresse hat nun Wasser, Licht und den Sauerstoff aus der Luft, aber keine Erde. Nach ein paar Tagen wachsen die Kressepflänzchen trotzdem heran.

Warum braucht die Kresse keine Erde? In den Kressesamen selbst ist ein kleiner Vorrat an Nährstoffen vorhanden. So können sie erst ohne Erde wachsen und gedeihen. Sie ernähren sich am Anfang sozusagen selbst. Die Watte dient als Wasserspeicher und gibt den Pflänzchen Halt. Später brauchen sie dann auch Erde.

Wassertransport

Hast du schon einmal beobachtet, dass das Wasser in einer Blumenvase mit der Zeit immer weniger wird? Du kannst richtig sehen, dass die Blumen „Durst“ haben. Aber wie „trinkt“ eine Blume? Und wohin verschwindet das Wasser?

Na so was!

Mammutbäume werden so groß wie Hochhäuser. Sogar in diese Höhe transportiert die Pflanze Wasser.

Du brauchst:

1 weiße Blume (z. B. Nelke oder Tulpe), 1 Messer, 1 Tintenpatrone, 1 Glas, Wasser

So geht's:

1. Fülle Wasser in das Glas und gib die Tinte hinzu. Bitte einen Erwachsenen, den Stängel der Blume schräg anzuschneiden, damit sie das Wasser besser aufnehmen kann.

2. Stecke die Blume in das Wasserglas und lasse sie ein bis zwei Tage darin stehen.

Das passiert:

3. Das durch die Tinte blau gefärbte Wasser steigt durch die feinen Kanäle des Stängels nach oben in die Blütenblätter. Dadurch färben sich die Blütenblätter langsam blau.

MACH MIT!

Ein bunter Strauß Blumen

Du brauchst:
4 bis 5 weiße Blumen (z. B. Rosen, Tulpen, Nelken), Tintenpatronen in unterschiedlichen Farben (z. B. Blau, Rot, Grün oder Violett), Wassergläser

Stelle je eine Blume in rot, blau, grün und violett gefärbtes Wasser. So erhältst du einen ganz besonderen bunten Blumenstrauß, den du verschenken kannst.

Quiz

In welchem Teil der Tulpe wird das Wasser nach oben transportiert?

Lösung: Im Stängel

Pflanzen brauchen Licht

Ein besonderer Farbstoff, das Chlorophyll, gibt den Pflanzen ihre grüne Farbe. Dieser Farbstoff ist wichtig, denn ohne ihn kann die Pflanze die Energie des Sonnenlichts nicht für sich nutzen.

Na so was!

In jedem Herbst werden die Blätter der Bäume gelb, rot oder braun. Der grüne Farbstoff wird bis zum nächsten Frühjahr aus den Blättern gezogen und im Baum „eingelagert“.

Du brauchst:

1 Zimmerpflanze mit großen, grünen Blättern, Alufolie, 1 Stift, 1 Schere, Klebeband

So geht's:

1. Nimm ein Stück Alufolie und zeichne mit dem Stift ein Herz darauf. Schneide es dann mit der Schere aus.

2. Klebe das Herz aus Alufolie auf ein großes Blatt und drücke es fest auf, sodass es eng anliegt. Stelle die Pflanze an einen sonnigen Ort und warte zwei Wochen, bevor du die Alufolie entfernst.

Das passiert:

3. Entfernst du das Herz aus Alufolie, kannst du den Abdruck des Herzens ganz deutlich auf dem Blatt erkennen. An der Stelle konnte die Sonne nicht auf das Blatt scheinen und die Pflanze mit Licht versorgen. Dort ist das Grün verblasst.

Die Sonne versorgt das Blatt mit Energie, die es zur Herstellung der eigenen Nahrung, wie z. B. Zucker, verwendet. Diesen Vorgang nennt man Fotosynthese. Fällt nicht genug Licht auf die Blätter, werden sie gelb. Der grüne Farbstoff in ihnen, das Chlorophyll, wird zerstört.

Quiz

Wie heißt der Farbstoff, der die Blätter grün macht?

Lösung: Chlorophyll

MACH MIT!

Die Feuerbohne im Topf

Du brauchst:
1 Blumentopf, Samen von Feuerbohnen,
1 Holzstab, Erde, Wasser

Fülle Erde in einen Blumentopf und lege Feuerbohnensamen darauf. Lege noch einmal eine Schicht Erde darüber. Stelle den Blumentopf ans Fenster und gieße regelmäßig.

Beobachte, wie die ersten Blättchen die Erde durchdringen und das kleine Pflänzchen sich sofort zum Licht hin wendet. Stellst du die Pflanze an einen dunklen Ort, kannst du noch besser sehen, wie sehr die kleine Feuerbohne das Sonnenlicht sucht. Wird die Pflanze größer, musst du sie mit einem Holzstab stützen.

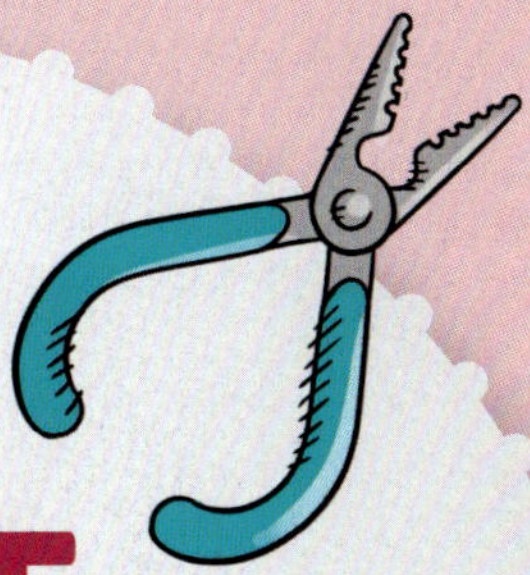

KRAFT UND BEWEGUNG

Kräfte im Alltag

Kräfte begegnen dir überall: Ohne Kräfte könnten wir weder sprechen noch gehen, noch könnten Maschinen funktionieren. Aber was ist Kraft und wo findest du Kräfte in deinem Alltag?

Warum fällt immer alles nach unten?

Wenn du einen Stein hochwirfst, fällt er wieder auf den Boden. Diese Kraft, die alle Gegenstände nach unten zieht, nennt man Schwerkraft. Gäbe es diese Kraft nicht, würden wir Menschen und alle Dinge um uns herum nicht auf dem Boden bleiben, sondern einfach wegschweben. Auf der Erde zieht diese Kraft alles nach unten, zum Mittelpunkt der Erde. Auch andere Himmelskörper wie der Mond und die Sonne haben eine Schwerkraft.

Aufgrund der geringen Schwerkraft auf dem Mond können sich Astronauten dort nur hüpfend fortbewegen.

Was ist Kraft?

Springst du hoch, holt dich eine Kraft wieder zu Boden. Sitzt du im Auto, fühlst du, wenn das Auto schnell in die Kurve geht, eine Kraft, die dich nach außen zieht. Du selbst kannst auch Kraft ausüben, wenn du zum Beispiel auf die Fahrradpedale trittst oder einen Ball wegschleuderst. Oft nutzen wir die unterschiedlichen Kräfte, ohne sie zu bemerken.

Quiz

Wie nennt man die Kraft, die bewirkt, dass alles von oben nach unten fällt?

Lösung: Schwerkraft

Die Menschen in diesen Bildern üben selbst Kraft aus. Wo wird mit einem Hilfsmittel Kraft gespart?

Wie kann man schwere Lasten leichter bewegen?

Für uns Menschen ist die Schwerkraft, die an allen Gegenständen auf der Erde „zieht", oft lästig. Wir müssen viel Arbeit aufwenden, um sie zu überwinden. Das weißt du, wenn du schon einmal eine schwere Tasche oder nur dich selbst eine Treppe hinaufgeschleppt hast. Der Mensch hat deshalb Werkzeuge und Maschinen entwickelt, um schwere Lasten mit geringem Kraftaufwand verschieben oder heben zu können. „Kraftsparer" sind z. B. Hebel, Keile, Räder, Rollen, Rampen oder Aufzüge.

Mit einem Rollwagen lassen sich schwere Koffer ganz einfach transportieren.

Der Bauarbeiter nutzt die Hebelwirkung, um die Platten zu lockern.

Fällt alles gleich schnell von oben nach unten?

Wenn du einen Gegenstand in deiner Hand loslässt, fällt er aufgrund der Schwerkraft auf den Boden. Aber hast du schon mal beobachtet, dass manche Dinge langsamer und manche schneller fallen? Woran liegt das?

Du brauchst:

2 gleich große Blätter Papier

Quiz

Was bremst den Fall eines Gegenstandes ab?

Lösung: Der Luftwiderstand

So geht's:

1. Knülle ein Blatt Papier zu einer Kugel zusammen.

2. Lasse beide Blätter aus der gleichen Höhe gleichzeitig fallen.

Das passiert:

3. Das zusammengeknüllte Papier erreicht den Boden schneller und fällt gerade nach unten. Das glatte Blatt Papier schwebt langsam zu Boden.

Auf beide Gegenstände wirkt die Schwerkraft. Da sie aus demselben Material sind, würden sie gleich schnell zu Boden fallen, gäbe es die Luft nicht. Sie bremst den Fall des Blattes ab. Das nennt man Luftwiderstand. Das nicht zusammengeknüllte Blatt hat mehr Fläche, an der die Luft vorbei muss und schwebt deshalb langsamer nach unten.

Na so was!

Schwere Gegenstände fallen schneller nach unten als leichte.

MACH MIT!

Bastle dir einen kleinen Fallschirm

Du brauchst:
1 Plastiktüte, 1 Schere, Klebeband, Locher, Wolle

1. Schneide aus der Tüte ein Quadrat (etwa 20 x 20 cm). Loche jede Ecke mit einem Locher.

2. Binde je einen Wollfaden daran und knote sie unten zusammen.

3. An den losen Enden kannst du nun einen Korken oder eine Wäscheklammer befestigen.

Stelle dich anschließend auf einen Stuhl oder an ein Treppengeländer und lasse deinen Fallschirm fliegen.

Die träge Münze

Gegenstände bleiben da, wo man sie hinstellt – sie sind „träge“. Erst wenn du sie anstößt, wegziehst oder hochhebst, bewegen sie sich in eine Richtung. Manchmal möchten sie aber auch an Ort und Stelle verharren – wie die träge Münze.

Du brauchst:

1 Glas, 1 Spielkarte, 1 Münze

So geht's:

1. Lege die Spielkarte auf das Glas und die Münze auf die Mitte der Karte.

2. Ziehe die Karte mit einem schnellen Ruck in deine Richtung, flach weg. Pass auf, dass das Glas dabei nicht umfällt.

Das passiert:

3. Ziehst du die Karte schnell weg, bewegt sich die Münze nicht mit. Sie ist schwerer als die Karte und damit auch „träger" und etwas langsamer als die Karte – sie fällt ins Glas.

Die Karte wird bewegt, doch die Trägheit der Münze sorgt dafür, dass diese senkrecht ins Glas hinunterfällt. Die Münze möchte im Ruhezustand bleiben. Umgekehrt möchte ein Gegenstand der sich bewegt, diese Bewegung auch beibehalten.

Quiz

Wie nennt man die Eigenschaft von Gegenständen, in Ruhe zu bleiben oder ihre Bewegung beizubehalten?

Lösung: Trägheit

MACH MIT!

Das Karussell

Fasse deine/n Partner/in an den Schultern und drehe ihn/sie einige Male erst langsam, dann schneller im Kreis. Stoppe die Drehung und beobachte, was geschieht. Ihr braucht viel Platz, damit sich niemand stößt oder stolpert.

Dein Gleichgewichtssinn sitzt im Innenohr. Dort sind ringförmige Schläuche mit Flüssigkeit gefüllt (siehe S. 30). Wenn ihr heftig kreiselt, kommt die Flüssigkeit in Schwung. Wenn ihr wieder stillsteht, dreht sich die Flüssigkeit noch weiter. Dein Ohr meldet: „Du drehst dich noch!" Dein Auge sagt: „Du stehst!" Von den beiden unterschiedlichen Nachrichten wird dir ein bisschen schwindelig.

Welche Kraft bremst?

Ein Spielzeugauto, das auf einem geraden Boden rollt, wird mit der Zeit immer langsamer und bleibt schließlich ganz stehen. Warum rollt es nicht immer weiter? Was hat es gebremst? Die geheimnisvolle Kraft, die uns hier begegnet, kannst du im folgenden Experiment untersuchen.

Na so was!

Auch ein Fußballtorwart nützt die Reibung: Seine Handschuhe haben Gumminoppen, mit denen er den Ball besser festhalten kann.

Du brauchst:

1 runde Konservendose, 1 Metermaß oder Maßstab (auf 1 Meter ausgeklappt), 1 Tisch

So geht's:

1. Stelle die Dose mit dem Boden nach unten auf den Tisch, sodass sie bei einem Meter des Maßstabes steht.

2. Stoße die Dose so oft an, bis sie am Ende des Maßstabes angekommen ist. Zähle, wie viele Stöße du dafür brauchst.

3. Lege die Dose bei einem Meter des Maßstabes nun quer auf den Tisch. Stoße die Dose wie vorher an, bis sie den Meter entlanggerollt ist. Vergleiche die Anzahl der Fingerstöße, die du brauchst.

Das passiert:

4. Wenn die Dose aufrecht auf dem Tisch steht, musst du sie viel häufiger anstoßen. Wenn sie flach auf dem Tisch liegt, kann sie rollen und legt nach einem Fingerstoß eine viel größere Strecke zurück.

Die zwei Oberflächen, Dose und Tisch, reiben gegeneinander und es entsteht eine bremsende Kraft, die man Reibung nennt. Der flache Boden der Dose reibt auf dem Tisch. Die Seite der Dose ist dagegen gewölbt und ihre Reibung deswegen auch viel geringer.

MACH MIT!

Wettrutschen

Ihr braucht:
1 glattes Holzbrett, verschiedene etwa gleich große und schwere Gegenstände, z. B. leere Streichholzschachtel, Radiergummi, Korken, Kugelschreiber u. Ä.

Jeder Mitspieler darf auf das obere Ende eines Holzbretts einen Gegenstand legen. Dann wird das Brett langsam angehoben, ohne das andere Ende des Holzbretts zu verschieben. Je nach Reibung beginnen die Gegenstände unterschiedlich schnell zu rutschen. Welcher ist wohl der Schnellste?

Quiz

Wie nennt man die bremsende Kraft, die zwischen zwei Oberflächen wirkt?

Lösung: Reibung

Wie kann man Kraft „sparen"?

Ein großer Sack voller Erde ist sehr schwer. Du wirst ihn kaum heben, geschweige denn tragen können. Mit der richtigen Technik und den richtigen Hilfsmitteln kannst aber auch du mit ganz wenig Kraft schwere Gegenstände bewegen.

Na so was!

Den Hebel findest du in der Zange, dem Nussknacker und bei der Schere.

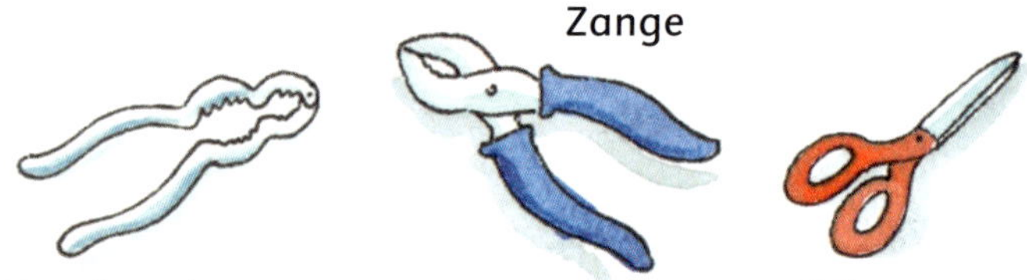

Du brauchst:
1 Holzlineal, 1 Buch,
1 kleinen Bauklotz

So geht's:

1. Lege den Bauklotz auf den Tisch und das Lineal mit der Mitte darauf.

2. Lege das Buch auf ein Ende des Lineals und drücke mit der Hand auf das andere Ende.

3. Schiebe nun den Bauklotz näher an das Buch heran und drücke wieder auf das andere Ende des Lineals.

Das passiert:

4. Das Buch lässt sich nur schwer anheben, wenn der Bauklotz weit von ihm entfernt ist. Je näher du den Bauklotz ans Buch heranschiebst, desto leichter hebt sich das Buch. Das Lineal wirkt als Hebel. Hebel wirken umso besser, je weiter der Punkt, an dem du Kraft auf den Hebel ausübst, vom anzuhebenden Gewicht entfernt ist. Mit einem längeren Hebel geht alles leichter.

Quiz

Welche Aufgabe haben Hebel?

Lösung: Kraft zu sparen

MACH MIT!

Nicht nur heben, auch rollen

Du brauchst:
1 Buch, 2 Bleistifte

Schiebe ein Buch über den Tisch. Lege anschließend zwei Bleistifte darunter und schiebe noch einmal. Auch Rollen erleichtern dir die Arbeit.

Die Schubkarre ist eine Kombination aus Hebel (Griffe) und Rollen (Räder).

MAGNETE

Magnetismus – geheimnisvolle Kraft?

Magnete wirken magisch. Sie können Dinge anziehen, ohne sie zu berühren. Ihre Kraft siehst du nicht, du hörst sie nicht und du kannst sie nicht fühlen, und doch kann sie sehr stark sein.

Magnete unterscheidet man nach ihrer Form:

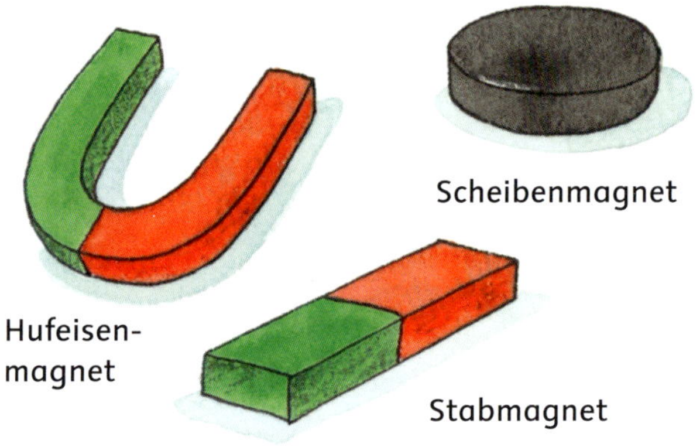

Welche Gegenstände sind magnetisch?

Hältst du einen Magnet an verschiedene Münzen, so stellst du fest, dass nicht alle Geldstücke angezogen werden. Münzen bestehen aus verschiedenen Metallen, und nur wenn sie Eisen, Nickel oder Cobalt enthalten, zieht der Magnet sie an. Andere Metalle wie Gold, Silber oder Aluminium sind nicht magnetisch. Berührt also ein Magnet einen Gegenstand, der Eisen enthält oder ganz aus Eisen besteht, dann wirkt seine magnetische Kraft im Eisen weiter.

Quiz

Welches Metall ist magnetisch? Gold, Eisen oder Silber?

Lösung: Eisen

Wie nutzen wir den Magnetismus?

Magnete gibt es in unterschiedlichen Größen und Formen. Mal sind sie groß, mal klein. Als nützliche Helfer begegnen sie dir oft im Alltag. Magnete kleben nicht nur außen am Kühlschrank, sondern sie verschließen auch die Kühlschranktür so dicht, dass keine Kälte heraus kann. Auf dem Schrottplatz trennt ein Magnet die Eisenteile alter Autos von anderen Materialien und zieht sie nach oben. Eine Magnetschwebebahn gleitet über die Schienen und auch im Kompass wirkt ein Magnet.

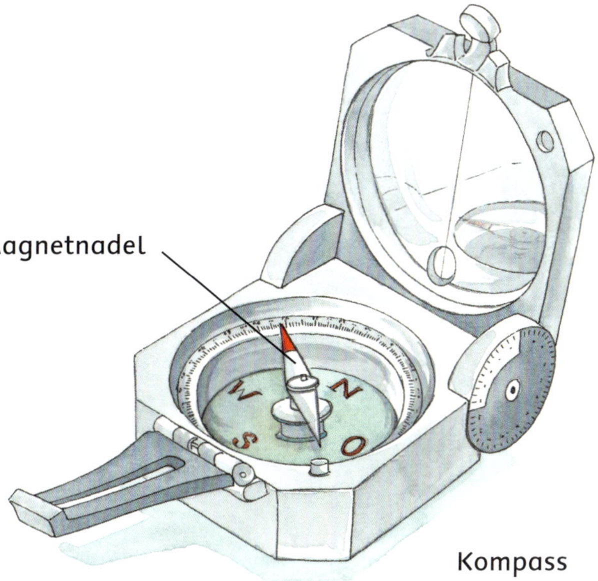

Kompass

Wie weist ein Kompass uns den Weg?

Man nimmt an, dass der Kern der Erde aus Eisen besteht. Von diesem Eisenkern geht eine starke magnetische Kraft aus. Diese Kraft ist am Nord- und Südpol am stärksten und wirkt über die ganze Erde hinweg. Die Nadel in einem Kompass ist auch ein kleiner Magnet und dreht sich im Magnetfeld der Erde immer so, dass seine Enden auf den Nordpol und den Südpol zeigen. Mit einem Kompass kannst du beim Wandern sehen, wo Norden und Süden ist.

Magnetschwebebahn

Eine Magnetschwebebahn berührt nicht die Schiene. Der Zug wird in der Schwebe gehalten, indem sich starke Magnete im Zug und in der Gleisspur gegenseitig abstoßen. Auch die Vorwärtsbewegung erfolgt über Magnetkraft.

Na so was!

Die Griechen waren die ersten, die vor mehr als 2500 Jahren einen Stein entdeckten, der Eisen anziehen konnte. Sie nannten ihn Magnetit.

Anziehen und abstoßen

Ein Magnet zieht einen Gegenstand aus Eisen immer an. Du spürst die Anziehungskraft, je näher du sie zusammenbringst. Weißt du auch, was passiert, wenn du zwei Magnete zueinanderführst? Mit dem folgenden Versuch erfährst du, warum sich die Magnete so eigenartig verhalten.

Die Waggons einer Holzeisenbahn sind oft über Magnete miteinander verbunden.

Du brauchst:

2 Stabmagnete

So geht's:

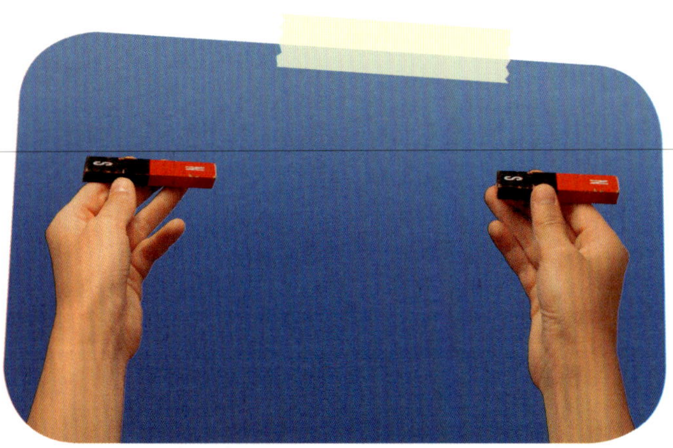

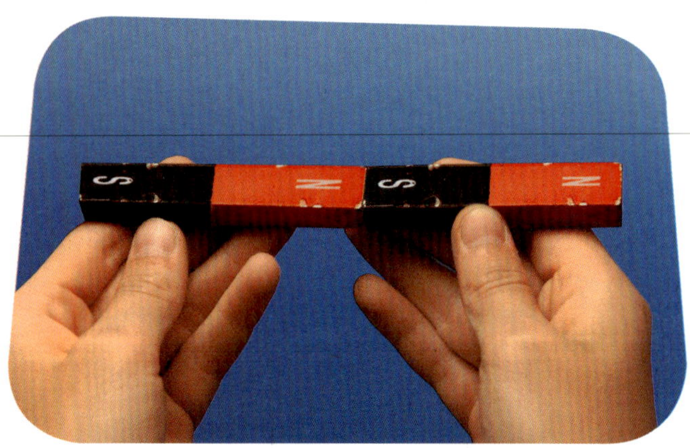

1. Nimm zwei Magnete zur Hand. Drehe sie so, dass die Enden nicht mit der gleichen Farbe zueinander zeigen. Bewege die Magnete langsam aufeinander zu.

2. Die beiden Magnete ziehen sich an. Das rote Ende und das schwarze (grüne) Ende sind miteinander verbunden.

Das passiert:

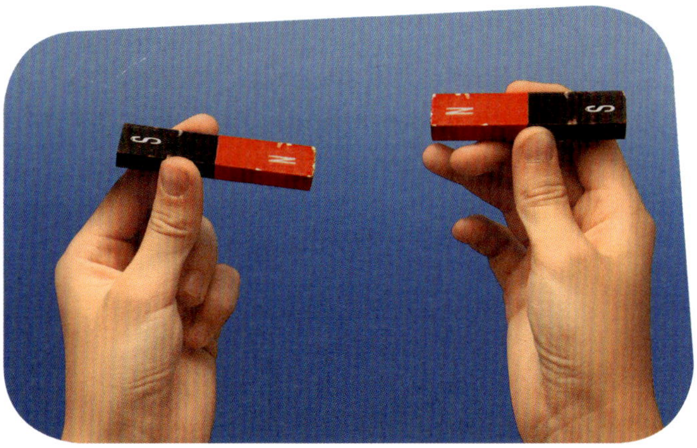

3. Versuche nun die beiden gleichfarbigen Enden zueinanderzubewegen. Die beiden Magnete können nicht aneinandergedrückt werden.

Jeder Magnet hat einen Nordpol und einen Südpol. Im Bereich der Pole ist die magnetische Kraft am stärksten. Magnete können sich anziehen oder abstoßen. Der Nordpol eines Magnets zieht den Südpol eines anderen Magnets an und umgekehrt. Näherst du jedoch den Nordpol eines Magnets dem Nordpol eines anderen, so stoßen sich beide ab. Das Gleiche gilt auch für die beiden Südpole.

MACH MIT!

Vorwärts- und rückwärts

Du brauchst:
1 Spielzeugauto aus Plastik,
2 Stabmagnete, Klebefilm

Befestige einen Stabmagnet auf dem Dach eines Spielzeugautos. Achte darauf, dass der Magnet gerade befestigt wird. Nimm nun den zweiten Magnet zur Hand, um das Auto zu bewegen. Wenn du die Nordpole einander näherst, fährt der Wagen im Rückwärtsgang. Näherst du Süd- und Nordpol, fährt das Auto auf dich zu. Du kannst mit der Magnetkraft die Richtung des Autos bestimmen.

Quiz

Wie nennt man die beiden Enden eines Magnets?

Lösung: Nord- und Südpol

Na so was!

Das abnehmbare Blaulicht auf Polizeiwagen hält, weil die Lampe wie der Nordpol und das Metalldach wie der Südpol eines Magnets wirken.

Wie stark ist Magnetkraft?

An den beiden Polen ist die Magnetkraft am stärksten. Dinge aus Eisen oder Nickel bleiben dort wie festgeklebt hängen. Aber kann die magnetische Kraft auch wirken, wenn sich zwischen Magnet und Gegenstand noch etwas anderes befindet, z.B. Wasser oder Glas?

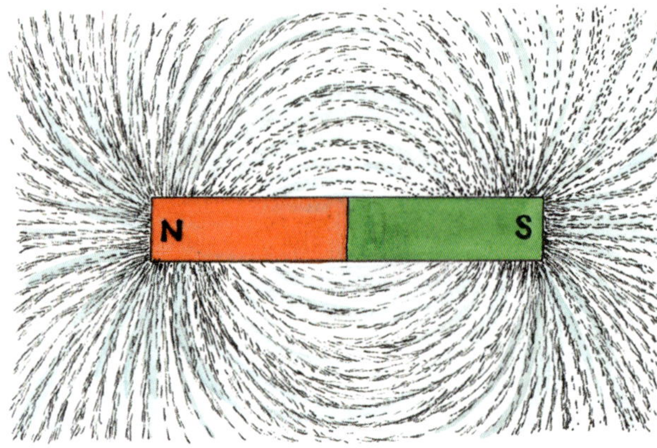

Mit winzigen Eisenfeilspänen kann man das Magnetfeld, also den magnetischen Bereich um einen Magneten herum, sichtbar machen.

Du brauchst:

1 Stabmagnet, 1 Glas, Wasser,
1 Büroklammer aus Eisen

So geht's:

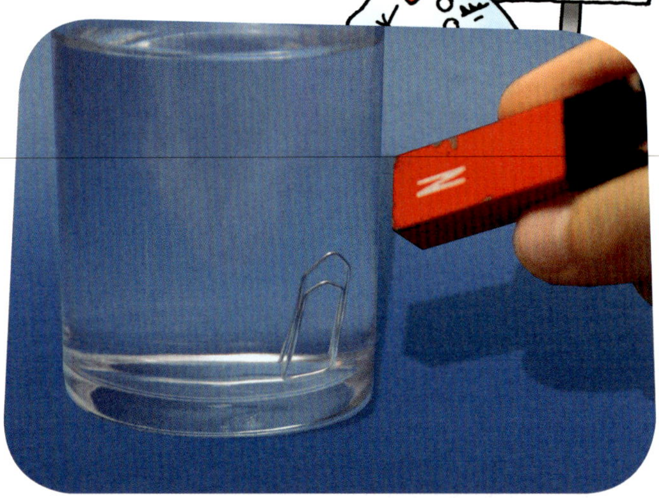

1. Fülle ein Glas zur Hälfte mit Wasser und wirf eine Büroklammer hinein.

2. Fahre mit dem Magnet von außen am Glas entlang, ohne es zu berühren.

Das passiert:

3. Die Büroklammer bewegt sich im Wasser und wird mit dem Magnet nach oben gezogen. Der Magnet wirkt durch Wasser und Glas hindurch. So kannst du die Büroklammer aus dem Wasser nehmen, ohne dir die Finger nass zu machen.

Na so was!

Unter Wasser befestigen viele Taucher ihre Werkzeuge oder Taschenlampen mit Magneten.

Quiz

Wie heißt die unsichtbare Hülle um den Magnet herum, in dem seine magnetische Kraft wirkt?

Lösung: Magnetfeld

MACH MIT!

Magnetische Rennbahn

Du brauchst:
1 DIN-A4-Karton, Farbstifte,
4 dicke Bücher, 2 Stöckchen,
2 starke Scheibenmagnete, Klebefilm,
2 kleine Modellautos aus Eisen

Male mit Farbstiften zwei Rennstrecken auf den Karton und lege ihn auf die vier Bücher (siehe Bild unten). Befestige mit Klebefilm an jedem Stöckchen einen Magnet. Halte die Magnete unter den Karton und bewege sie entlang der Fahrbahn. Die Autos folgen den Magneten unter dem Karton und rollen über die Rennstrecke. Die magnetische Kraft wirkt also auch durch Karton hindurch.

Sind Magnete unterschiedlich stark?

Ein Gewichtheber kann je nach der Menge an Kilogramm, die er hochheben kann, seine Stärke mit anderen Gewichthebern vergleichen. Auch Magnete können unterschiedlich stark sein. Das kannst du selbst herausfinden.

Du brauchst:

Verschiedene Magnete (Stabmagnet, Hufeisenmagnet, Scheibenmagnet), Eisennägel

So geht's:

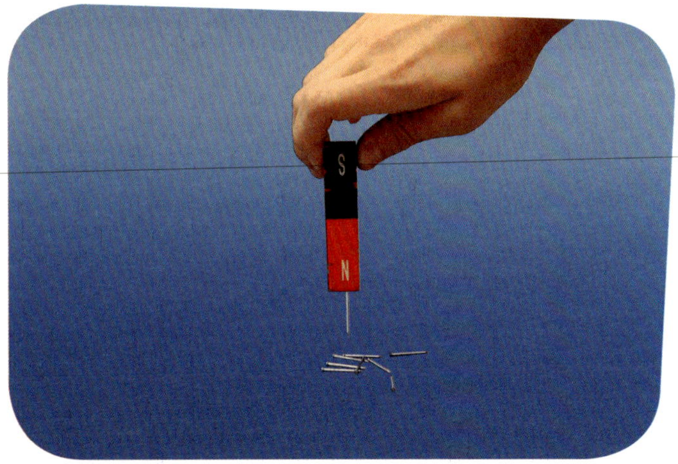

1. Hänge einen Nagel an den Stabmagneten und hebe ihn hoch.

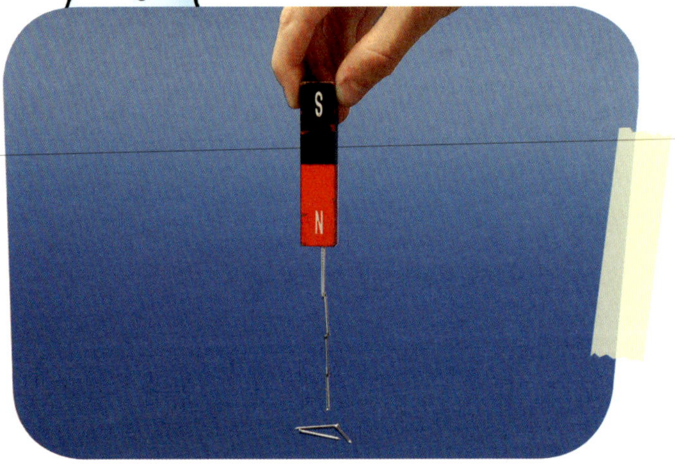

2. Hänge an das Ende des Nagels einen weiteren Nagel und an diesen nochmals einen Nagel usw.

Das passiert:

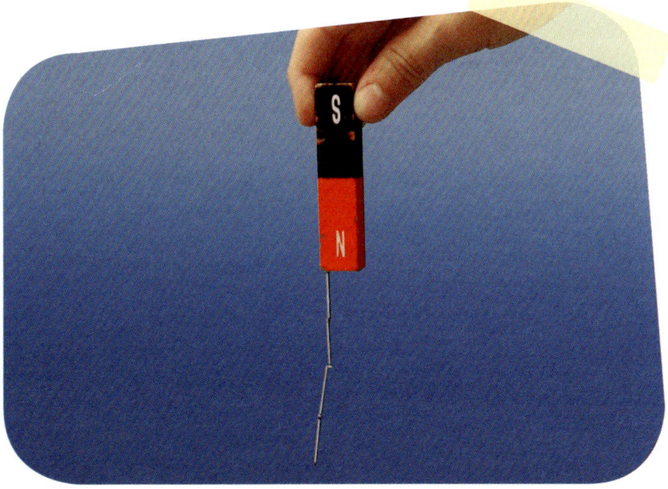

3. Es bleibt eine große Zahl von Nägeln wie ein „Bart" am Magnet hängen. Die magnetische Wirkung wird von Nagel zu Nagel weitergeleitet. Hört aber die magnetische Kraft auf, fällt der letzte Nagel zu Boden. Die Reihe ist zu lang geworden.

Teste nun verschiedene Magnete und zähle die Menge an Nägeln, die an ihnen hängen bleiben. So kannst du die Stärke der magnetischen Kraft vergleichen. Form und Größe eines Magnets beeinflussen seine Kraft. Hufeisenmagnete sind stärker als Stabmagnete. Haben zwei Magnete die gleiche Form, ist der größere stärker.

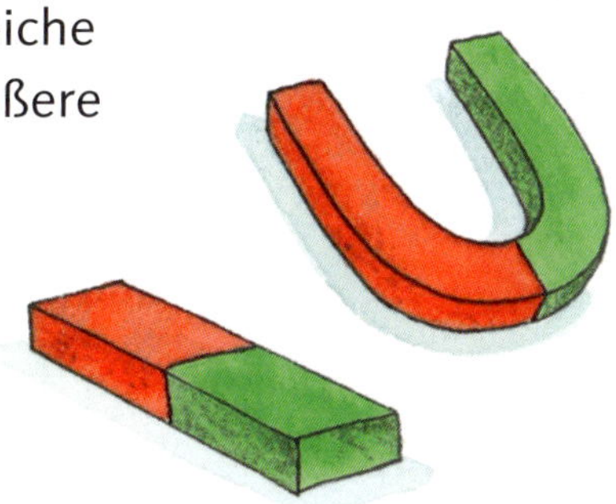

MACH MIT!

Magnetischer Zauberstab

Du brauchst:
1 Rundholzstab (Baumarkt), 1 runden Supermagnet, alternativ geht auch ein Ringmagnet, Klebefilm, Glitzerfolie, Federn, Aufkleber u. a. Dekomaterialien

Befestige mit einem kleinen Stück Klebefilm einen runden Supermagnet am oberen Ende eines Holzstabs. Verziere deinen „magnetischen Zauberstab" mit Glitzerfolie, Federn oder Aufklebern. Erforsche in der Wohnung, wo es überall Gegenstände gibt, die von deinem Zauberstab angezogen werden.

Na so was!

Die stärksten Magnete heißen „Supermagnete". Sie sind aus einer speziellen Metallmischung. Obwohl sie nur einige Millimeter groß sind, können sie Gewichte von einem halben Kilogramm festhalten.

Bildverzeichnis

Umschlag: Himmel und Gras (istockphoto/Makkuro_GL);
Junge mit Lupe (fotolia/Sergey Novikov);
Vignetten (Anastasia Surikov)

F1online: 82 (Topaz); 40 (RF Johner)
Fotolia: 28, 50 (Pavel Losevsky)
Adobe Stock: 70 (Monkey Business)
Shutterstock: 60 (Nagy-Gaoly Arpad); 18 (SoleilC)

Impressum

MIX
Papier aus verantwortungsvollen Quellen
FSC® C111262

Die Deutsche Nationalbibliothek verzeichnet diese Publikation in der Deutschen Nationalbibliografie. Detaillierte bibliografische Daten sind im Internet über http://dnb.d-nb.de abrufbar.

8 7

Text: Charlotte Willmer-Klumpp
Fachliche Beratung: Dr. Nicole Drewnick
Illustrationen: Silke Voigt, Billa Spiegelhauer (Character), Melanie Brockamp (S. 12)
Fotos der Experimente: Simon Kammermeier
Umschlaggestaltung: Maria Seidel, atelier-seidel.de

Printed in Germany

ISBN 978-3-473-55453-9

www.ravensburger.de

Und nun, viel Spaß beim Forschen, Probieren und Experimentieren!